DOMINE O PODER DA TENSÃO

SAMUEL R. CHAND

DOMINE O PODER DA TENSÃO

PARA ESTICAR SEM QUEBRAR

EDITORA HÁBITO
Avenida Recife, 841 — Jardim Santo Afonso
Guarulhos, SP — CEP 07215-030
Tel.: 0 xx 11 2618 7000
atendimento@editorahabito.com.br
www.editorahabito.com.br

DOMINE O PODER DA TENSÃO

Título do original: *Harnessing the Power of Tension:* Stretched but Not Broken

Edição publicada com permissão contratual com Whitaker House
(1030 Hunt Valley Circle, New Kensington, PA 15068, EUA)

Todas as citações foram adaptadas segundo o
Acordo Ortográfico da Língua Portuguesa, assinado
em 1990, em vigor desde janeiro de 2009.

Editor responsável: Gisele Romão da Cruz
Editor-assistente: Amanda Santos
Tradução: Maria Emília de Oliveira
Revisão de tradução: Sônia Freire Lula Almeida
Revisão de provas: Josemar de Souza Pinto
Projeto gráfico e diagramação: Claudia Fatel Lino
Capa: Arte Hábito

1. edição: jul. 2021

Dados Internacionais de Catalogação na Publicação (CIP)
(Câmara Brasileira do Livro, SP, Brasil)

Chand, Samuel R.
Domine o poder da tensão : para esticar sem quebrar / Samuel R. Chand ; [tradução Maria Emília de Oliveira]. -- São Paulo : Editora Hábito, 2021.

Título original: *Harnessing the Power of Tension*
ISBN: 978-65-994789-2-5 - Físico
ISBN: 978-65-994789-3-2 - Digital

1. Estresse (Psicologia) I. Título.

21-68192 CDD-155.9042

Índices para catálogo sistemático:
1. Estresse : Psicologia 155.9042
Cibele Maria Dias - Bibliotecária - CRB-8/9427

SUMÁRIO

1

TENSÕES NA VIDA PESSOAL

Há necessidade de um pouco de tensão para a alma crescer, e podemos fazer bom uso dessa tensão. Podemos procurar cada oportunidade de dar e receber amor, apreciar a natureza, curar nossas feridas e as feridas dos outros, perdoar e servir.

Joan Borysenko, ph.D.[1]

A palavra "tensão" deriva da palavra latina *tendere*, que significa "esticar". Não há problema em ser esticado na carreira profissional, na educação dos filhos, no ministério ou na liderança. Sem tensão, estagnamos e paramos de amadurecer. Na verdade, poderíamos até dizer que a tensão é *inevitável* e, em muitos casos, *desejável* na vida e na liderança.

Brenda e eu nos casamos em Atlanta em 1979 e logo em seguida nos mudamos para Gresham, Oregon, distrito de Portland, onde nós dois havíamos conseguido emprego; além disso, eu atuava como líder espiritual de jovens em uma comunidade eclesiástica.

[1] CARLSON, Richard; SHIELD, Benjamin. **Handbook for the Soul**. New York: Back Bay Books, 1995.

No ano seguinte, ouvimos falar de uma comunidade eclesiástica que estava à procura de um líder espiritual sênior. Brenda conhecia o local, em Hartford, Michigan, desde criança, e seus pais ainda moravam lá. Indiscutivelmente, o cargo despertou meu interesse. Candidatei-me, mas estranhamente não recebi nenhuma resposta.

Aquela comunidade naquele momento passava por uma situação bem delicada. O líder espiritual, ou, se você preferir, o sacerdote anterior, havia sido *destituído do cargo*, o que significava demissão. Esse tipo de situação quase sempre faz as pessoas tomarem partido, a favor ou contra o líder religioso, e a animosidade é capaz de dividir a comunidade. A gota d'água ocorreu na votação congregacional em abril daquele ano, quando o voto decisivo foi dado. A comunidade estava exausta de tantos conflitos na época em que Brenda e eu chegamos durante nossas férias de julho para visitar os pais dela. Naquele domingo, Brenda e eu aparecemos no local de reuniões, e um casal de líderes perguntou-me se eu gostaria de falar à comunidade. Fiquei empolgado! Seria a oportunidade de realizar meu sonho e tornar-me líder espiritual! Não sei se eu os impressionei ou se eles estavam apenas desesperados demais para me descartar, mas pedi-lhes que tomassem a decisão no dia em que preguei, e eles concordaram: fui admitido. No entanto, logo fiquei sabendo que eu não era a primeira escolha dos líderes nem dos participantes daquela comunidade. Na verdade, eu era a última escolha deles, mas não havia ninguém mais para assumir a posição.

Brenda e eu voltamos a Oregon para pegar nossas coisas e nos mudamos para a cidadezinha de Michigan. Em minha primeira reunião com a comunidade em agosto, contei 13 pessoas, incluindo Brenda e eu. Sem nossa família, o número de participantes da "congregação" (parecia mais um pequeno grupo) compunha-se apenas de um dígito.

Os líderes responsáveis disseram que tinham condições de me pagar 125 dólares por semana, mas poderíamos morar na casa anexa ao local de trabalho. Uma parede dividia nossa sala de estar do local de reuniões. Quando chegamos, Brenda estava no oitavo mês de gravidez de nosso primeiro filho. Portanto, estávamos embarcando em várias novas aventuras ao mesmo tempo.

Nas regiões rurais, as comunidades crescem quando o líder espiritual faz visitas de casa em casa para conhecer as pessoas, orar com elas, comer doces, experimentar geleia caseira e convidá-las para irem à celebração. Eu saía cedo de casa todas as manhãs e percorria uma vasta área para visitar as pessoas que frequentavam nossa comunidade, as que poderiam frequentar e as que nunca pensaram em frequentar. Chegava tarde da noite em casa e começava tudo de novo na manhã seguinte. Eu considerava especialmente importante fazer aquelas visitas nas sextas-feiras e nos sábados, porque ninguém poderia usar a desculpa "Eu me esqueci" e não comparecer ao encontro dali a dois dias ou no dia seguinte.

Meus esforços foram recompensados. O público chegou rapidamente a 30 pessoas, depois a 50, depois a 80 e depois a 100. A cada domingo, eu via mais carros no estacionamento, pessoas fazendo opção pela fé, e os recursos financeiros aumentarem. Eu estava completamente exausto, mas emocionado diante do rápido crescimento da nossa comunidade.

No entanto, durante esse período, Brenda permanecia em casa — gravidez avançada — e muito sozinha. Na época, não existiam celulares nem mesmo *pagers*.[2] O único meio de mantermos contato durante o dia era o telefone público no qual inseríamos uma moeda de 25 centavos — e eu carregava algumas

[2] Meio de comunicação móvel que precedeu os celulares. [N. do T.]

preciosas moedas comigo. Havíamos programado que o parto seria em um hospital de St. Joseph, uma cidade a cerca de 30 km de distância. Não havia nenhum meio de contato caso Brenda necessitasse de mim enquanto eu estivesse visitando as pessoas.

Ela tentou ser durona por uns tempos, mas logo depois, ao chegar em casa, ouvi som de choro. Ela estava com medo de que o bebê nascesse e não houvesse ninguém para levá-la ao hospital. Eu lhe disse com a mais completa sensibilidade: "Ligue para seus pais. Eles moram a apenas 5 km daqui e poderão chegar rapidamente". Calei-me por um instante e, em seguida, dei-lhe mais uma instrução: "Mas deixe um bilhete para mim antes de sair".

Por algum motivo desconhecido, minha solução não fez Brenda sentir-se compreendida e amada. Eu havia lido na revista *Reader's Digest* que as mulheres grávidas sofrem mudanças hormonais quando a data do parto se aproxima, portanto achei que esse era o motivo de suas lágrimas.

No primeiro sábado de outubro de 1980, cheguei tarde da noite. Dessa vez, Brenda não estava chorando. Eu não tinha certeza se aquele era um bom ou mau sinal. Logo descobri. Assim que passei pela porta, ela disse:

— Preciso falar com você.

Essa frase sempre contém implicações sinistras para qualquer marido. Nunca é: "Você é um ótimo marido! Gosto demais de você!".

Sentei-me ao seu lado. Ela olhou para mim e disse com toda a sinceridade:

— Sam, todos têm um líder espiritual... menos eu. — Após uma pausa, prosseguiu: — Estou apavorada. Vou ter meu primeiro bebê. Estou sozinha e sinto muitas dores. Preciso de um líder espiritual, por isso vou começar a frequentar outra comunidade a partir de amanhã.

Evidentemente, fazia algum tempo que ela vinha pensando nisso — disse o nome da comunidade *e* do líder.

Meus pensamentos começaram a girar imediatamente. Visualizei Brenda saindo de carro de nosso estacionamento enquanto outras pessoas entravam. Em cidades pequenas, todos sabem o que se passa na vida de todo mundo, e a notícia de que a esposa de um líder espiritual estava frequentando uma comunidade eclesiástica diferente se espalharia como rastilho de pólvora. O mais importante ainda: do meu ponto de vista, minha credibilidade estaria arrasada.

Debati com Deus durante uma longa noite sem dormir. Disse a ele: "Não faz sentido. Estou trabalhando como louco, e o nosso grupo está crescendo, mas meu casamento está desmoronando. Como pode ser que tu me abençoes no meu trabalho na comunidade, mas a situação em casa esteja triste e tenebrosa?". Sentia-me confuso e desesperado. Pensava estar cumprindo exatamente a minha missão de vida, mas minha vida em casa era um desastre total. Será que eu não estava buscando primeiro o Reino de Deus e deixando que ele acrescentasse todas as coisas à minha vida? Eu não estava pecando, e a comunidade ia bem. O que me faltava?

A certa altura no meio da noite, senti o Senhor me dizer: "Que adianta ao Sam ganhar toda a comunidade e perder a esposa?". Na manhã seguinte, pedi desculpas a Brenda e garanti-lhe que iria mudar. Ela deve ter acreditado em mim porque não foi à outra comunidade. Hoje, estamos casados há mais de quatro décadas. Nossa vida é corrida, mas descobrimos uma forma de dar prioridade um ao outro. (Tenho quase certeza de que precisei fazer mais adaptações que Brenda!)

Aquele ponto de tensão foi, de várias maneiras, completamente previsível. Éramos jovens e idealistas. Eu tinha um novo emprego e queria ter sucesso. Brenda estava prestes a dar à luz nosso primeiro filho. O dinheiro era curto. Eu havia alcançado meu objetivo mais alto — ser líder eclesiástico — e amava o que fazia. Estávamos casados havia apenas um ano, e, antes que pudéssemos fazer as adaptações normais, um caminhão carregado de novos desafios atravessou nosso caminho. Havíamos mudado duas vezes para o outro lado do país em catorze meses de casamento.

Eu gostaria de dizer que houve um ponto de virada dramático naquela noite e que tudo passou a ser maravilhoso a partir de então... mas não estaria dizendo a verdade. As mudanças ocorreram devagar, uma após a outra, aos trancos e barrancos. Certo domingo, alguns dias depois de eu ter percebido que deveria ser um líder espiritual melhor também para Brenda, enquanto estávamos em pé na frente do local de celebração após a reunião, cumprimentando cada um com um aperto de mão, uma senhora chamada Charlene aproximou-se de mim e segurou-me pelas lapelas. Olhou firme para mim e disse:

— Ouça o que eu digo, rapaz. Tome conta de sua esposa.

Senti-me imediatamente insultado. *O que houve para ela ser tão grosseira? Por que ela estava agindo de modo tão desrespeitoso e malvado? Por que me chamou de "rapaz"?* Contudo, alguns dias depois percebi que Charlene me amava mais que qualquer outra pessoa. De alguma forma, ela deixou de lado o crescimento da comunidade eclesiástica e viu o que se passava em nosso casamento. Naquele dia, ela me disse a verdade.

Certa vez, alguém me perguntou quando resolvi a tensão entre trabalho e família, e respondi: "Ainda não". Para ser sincero, continuo a caminhada para entender Brenda e convivo com a tensão de dois corações, duas personalidades, dois modos de criação diferentes e duas pessoas buscando juntas um único propósito.

Quero examinar essa tensão de modo mais completo e analisar outras que existem em nossa vida pessoal.

FAMÍLIA E TRABALHO

Quando sofremos pressão no trabalho e tensão em casa, parece que não há nenhum lugar para ir onde possamos relaxar. Durante o trabalho, preocupamo-nos com a discussão que tivemos com nosso cônjuge ou com os filhos; em casa, não paramos de pensar no prazo que receamos não cumprir ou nas críticas ferinas do chefe. Evidentemente, não podemos nos concentrar apenas em uma dessas prioridades.

O lar deveria ser uma *cidade de refúgio* onde nos sentimos seguros, compreendidos e amparados. Temos de trabalhar para ganhar a vida, mas queremos viver felizes em casa. Quando o marido e a esposa trabalham fora, os pontos de tensão se multiplicam. Necessitamos de grades de defesa para proteger o ambiente doméstico das pressões do trabalho que podem nos destruir.

Uma das reclamações mais constantes dos casais é que um não dá atenção ao outro quanto tentam estabelecer um diálogo mais profundo. Em geral, quando as mulheres falam sobre o que as aborrece, querem ser ouvidas e compreendidas, mas o homem sente-se compelido a resolver o problema — quase sempre com uma resposta rápida que sugere: "Por que você não pensou nisso?". Quando ela se sente menosprezada, ele reage: "Eu só estava querendo ajudar!". Quando há mais tensão procedente de outras fontes — como discussões por causa de dinheiro, filhos e parentes —, as tendências de tensão entre homens e mulheres tornam-se cada vez mais visíveis, e a divisão só aumenta.

Quando os homens falam de seus problemas, normalmente desejam que a mulher da vida deles confirme sua masculinidade dizendo palavras como estas: "Oh, você se esforça demais! É incrível como

> Quando há mais tensão procedente de outras fontes – como discussões por causa de dinheiro, filhos e parentes –, as tendências de tensão entre homens e mulheres tornam-se cada vez mais visíveis, e a divisão só aumenta.

aguenta tanta coisa no trabalho para sustentar nossa família!". Ele não quer que ela intervenha com três palpites simples para resolver o problema.

Nas discussões, a comunicação pode parecer a mesma, mas cada um deseja algo diferente. Em muitos casos (mas não em todos), ela está em busca de ternura e empatia, ao passo que ele procura respeito e afirmação.

Os desentendimentos podem ocorrer por qualquer motivo, mas são mais comuns quando as pessoas falam de seus problemas no trabalho. O equilíbrio entre trabalhar e viver é um conceito conhecido há muitos anos, e os princípios relacionados a ele estão se tornando cada vez mais complexos. Em um artigo para a revista *Forbes*, Alan Kohll observa o modo em que as várias gerações buscam o equilíbrio. Este é o resumo de suas descobertas:

- Os *baby boomers* (nascidos entre 1945 e 1960) tinham pais que viveram durante a Depressão e a Segunda Guerra Mundial. Os *boomers* desejavam a estabilidade de um emprego fixo e salário suficiente. Seu alto comprometimento com a carreira profissional os fez perder o senso de equilíbrio, portanto registram altos níveis de tensão.
- A geração X (nascidos entre 1961 e 1980) sofreu estresse por causa da dedicação dos pais ao trabalho e reagiu diante do desequilíbrio. Para os da geração X, o pêndulo oscilava para outra direção: priorizar a família, não a carreira. Valorizam a flexibilidade no horário de trabalho, *home office* e férias prolongadas.
- Os *millenials* ou geração Y (nascidos entre 1981 e 2000) são, em geral, mal compreendidos pelos empregadores.

Esses jovens contraem dívidas enormes de empréstimo para pagar os estudos, enfrentam preços altíssimos de moradia e não se importam em trocar de emprego se encontrarem outro mais atraente. Os empregadores tentam há anos cativá-los e mantê-los, oferecendo-lhes uma série de privilégios no escritório, mas muitos *millenials* dizem que essas coisas não são importantes para eles. Mais da metade informou que não se preocupa em encontrar uma carreira significativa.

Kohll conclui:

> Criar flexibilidade no ambiente de trabalho é uma das melhores maneiras de satisfazer as necessidades de equilíbrio entre trabalho e vida pessoal da maioria dos empregados — não importa a geração à qual pertençam. [...] É importante que os empregadores percebam que o equilíbrio entre trabalho e vida pessoal envolve mais que apenas algumas horas. Além de promover flexibilidade, os empregadores devem também esforçar-se para melhorar a experiência geral no local de trabalho para seus empregados. Priorizar uma cultura saudável e cultivar um ambiente feliz de trabalho produz o equilíbrio entre trabalho e vida pessoal. Quando os empregados se sentem felizes na posição que ocupam, o trabalho passa a ser mais semelhante a um segundo lar, e a tendência de trabalhar para ganhar dinheiro torna-se menor. Os empregadores devem priorizar uma compensação competitiva, condições confortáveis no ambiente de trabalho, oportunidades para crescimento profissional e oportunidades para relacionamentos sociais.[3]

[3] The Evolving Definition of Work-Life Balance. **Forbes**, March 27, 2018. Disponível em: <www.forbes.com/sites/alankohll/2018/03/27/the-evolving-definition-of-work-life-balance/#7ff896989ed3>.

- A geração Z (nascidos após 2000) valoriza a flexibilidade e o propósito no trabalho, bem como um bom salário. Eles desejam — e esperam — comunicar-se com os empregadores e supervisores. *Feedback* não é um luxo; é uma necessidade. Embora tenham crescido na era digital, têm êxito na interação humana.[4]

A tensão entre trabalho e casa não pode ser completamente resolvida. Podemos procurar empresas que valorizam a flexibilidade e criam uma cultura saudável, podemos aprender a nos comunicar com nosso cônjuge e filhos de tal forma que haja entendimento e apoio, mas a tensão estará sempre conosco.

Cometemos um erro quando tentamos minimizar ao máximo o controle de nossas agendas para proporcionar tempo e atenção iguais a cada lado. A mesma quantidade de tempo não significa necessariamente o mesmo valor. É mais razoável recuar um pouco, reconhecer os momentos propícios e as circunstâncias especiais, e desenvolver ritmos saudáveis em nossa vida. Por exemplo, mães jovens não dispõem de muito tempo para descontração e leitura de reflexão, pessoas que se deslocam várias vezes de um local a outro são consumidas por um número enorme de detalhes — e casais com filhos recém-nascidos mal têm tempo para respirar! Não há necessidade de nos sentirmos culpados durante essas situações e outras semelhantes que exigem mais de nós, mas, no momento certo, podemos ajustar nossas prioridades. O problema comum é que algumas pessoas erram ao fazer

[4] STAHL, Ashley. How Generation-Z Will Revolutionize the Workplace. **Forbes**, September 10, 2019. Disponível em: <https://www.forbes.com/sites/ashleystahl/2019/09/10/how-generation-z-will-revolutionize-the-workplace/?sh=1a4def664f53 >.

esse ajuste. O ritmo frenético durante uma época da vida particularmente estressante passa a ser o novo normal. É aconselhável reconhecer os momentos propícios, procurar circunstâncias especiais, fazer os ajustes necessários e criar ritmos saudáveis.

> Cometemos um erro quando tentamos minimizar ao máximo o controle de nossas agendas para proporcionar tempo e atenção iguais a cada lado. A mesma quantidade de tempo não significa necessariamente o mesmo valor.

ELES E EU

Alguns de nós dedicamos a vida ajudando outros a progredir, mas, com frequência, fazemos muito pouco ou nada para promover nosso próprio progresso. Precisamos investir em nossa saúde, alegria e talentos. No livro muito conhecido de Stephen Covey *The 7 Habits of Highly Effective People* [Os sete hábitos das pessoas extremamente eficientes], o último hábito é "afiar a serra". Significa investir em nós nas quatro áreas seguintes:

- Física
- Social/emocional
- Mental
- Espiritual

Covey dá este conselho: "Você tem de decidir quais são suas prioridades máximas — de modo agradável, sorridente, sem arrependimento — e ter a coragem de dizer 'não' a outras coisas. E o modo de fazer isso é ter um 'sim' maior ardendo por dentro. O inimigo do 'melhor' é quase sempre o 'bom' ".[5] Investir nessas quatro áreas é a "melhor" prática para todos nós.

[5] New York: Simon & Schuster, 2004. p. 165.

Às vezes, atravessamos temporadas em que damos mais que recebemos. No início da minha liderança eclesiástica, eu preparava quatro mensagens por semana: para domingo de manhã, domingo à noite, classe de liderança para jovens adultos e estudo das quartas-feiras. Na verdade, minha vida não era diferente da vida de um professor, encanador, mãe ou advogado. Todos nós nos doamos para ajudar os outros. A pergunta que devemos fazer a nós mesmos é simples, porém marcante: nosso tanque emocional e intelectual está esvaziando mais do que enchendo? Em caso afirmativo, nosso tangue logo estará totalmente vazio, com todos os resultados corolários de impaciência, desencorajamento, emoções à flor da pele e tendência oculta de ressentimento.

O que abastece seu tanque com regularidade? Pode ser o tempo passado com amigos, exercício, ler livros não relacionados à sua profissão, um belo jantar com alguém que você ama, brincar com filhos ou netos, jogar golfe, pescar ou qualquer outra atividade que recarregue suas baterias. Se esperamos muito tempo para reabastecer o tanque, talvez seja necessário procurar outras fontes de reabastecimento. Não perca tempo. Desenvolva o hábito de abastecer seu tanque com regularidade. Sim, você tem responsabilidades. Sim, gastamos tempo e energia. E sim, você tem de se doar muito em casa e no trabalho, mas, se seu tanque estiver vazio, você não terá *nada* para oferecer.

A pergunta que devemos fazer a nós mesmos é simples, porém marcante: nosso tanque emocional e intelectual está esvaziando mais do que enchendo?

Alguém argumentará: "Jesus doou-se por inteiro a ponto de morrer". Sim, mas, se analisarmos o ritmo da vida de Jesus, veremos que ele costumava se afastar da agitação de seu ministério para dedicar tempo à oração, para relaxar com seus seguidores mais próximos e ter um bom relacionamento com outros em casa de amigos. Poucos de nós somos chamados a morrer pela fé que professamos, mas todos nós somos chamados a ter uma vida vibrante, apaixonada e intencional. Não poderemos fazer isso se estivermos exaustos, zangados ou sem esperança.

Esse princípio não é apenas verdadeiro para nós. Uma das maneiras de nos doar aos outros é ajudá-los a criar espaço para que possam recarregar a bateria com regularidade. Todos nós necessitamos de uma mistura de relaxamento e estímulo para manter o bom andamento do corpo, da mente e do coração. Usei as analogias de encher o tanque e recarregar a bateria. Outra analogia é a da conta bancária: se os saques forem mais altos que os depósitos, poderemos sobreviver por algum tempo; no entanto, mais cedo ou mais tarde, iremos à falência em termos emocionais, físicos e relacionais. Não permita que isso aconteça com você!

SUCESSO E REALIZAÇÃO

Podemos ser tentados a usar essas duas palavras como sinônimos, mas, na verdade, elas estão em tensão constante. Sucesso é uma conquista visível e, quase sempre, medida com base em poder, popularidade, posição e bens; realização é o senso intangível de que estamos vivendo em razão de um propósito mais alto, de que a vida é importante e de que estamos fazendo diferença na vida de outras pessoas. *Há* uma diferença, mas é necessário evitar o erro da polarização.

Não há nada de errado com o sucesso. Alcançar objetivos tangíveis dá-nos um senso de realização, embora esse sentimento seja apenas temporário. Se veem mais pessoas chegando à comunidade eclesiástica, os líderes espirituais sempre querem mais. Quando os líderes empresariais veem seus negócios crescerem, eles sempre se esforçam para aumentar as vendas e a participação no mercado. Quase sempre, quando atingimos uma meta, ficamos emocionados por um tempo (às vezes, por pouquíssimo tempo), mas, de repente, olhamos ao redor e vemos alguém que possui um pouco mais de poder ou pessoas que possuem amigos um pouco mais legais que os nossos, coisas mais bonitas e uma posição mais alta que a nossa na porta do escritório.

Podemos usar o sucesso para satisfazer nosso propósito, mas, em geral, as armadilhas do sucesso tornam-se mais importantes que o propósito — e, de fato, podemos ser tão consumidos em nossa busca pelo tangível a ponto de perdermos de vista o intangível. Quando ficamos obcecados demais com a seguinte medida de sucesso, a tensão se multiplica, usamos as pessoas em vez de amá-las e sofremos todos os tipos de problemas relacionados ao estresse.

John Ortberg, autor de vários *best-sellers*, identifica essa tensão ao contrapor a *missão* (realização) e a *missão sombria* (valorização do sucesso acima do verdadeiro propósito). De fato, quanto mais talentosos e bem-sucedidos, mais somos tentados a viver voltados para nossa missão sombria. O autor diz:

Quando ficamos obcecados demais com a seguinte medida de sucesso, a tensão se multiplica, usamos as pessoas em vez de amá-las e sofremos todos os tipos de problemas relacionados ao estresse.

> Parte do que torna a missão sombria tão tentadora é que, em geral, ela está intimamente relacionada aos nossos dons e paixões. Não se trata de um desvio de 180° do trajeto; o desvio é apenas de 10°, mas esses 10° caminham em direção ao inferno. [...] Se deixarmos nossa verdadeira missão de lado, nos dedicaremos à missão sombria, e o centro de nossa vida girará em torno de coisas que são indignas, egoístas e obscuras.[6]

O problema que Ortberg descreve é o erro de viver em constante tensão — dedicamo-nos com entusiasmo às armadilhas

[6] ORTBERG, John. **Overcoming Your Shadow Mission**. Grand Rapids: Zondervan, 2008. p. 12.

visíveis do sucesso sem usá-las para cumprir nosso propósito verdadeiro. Não se trata de um fenômeno raro. Praticamente, toda propaganda e a maioria das conversas partem do princípio de que os objetivos mais altos na vida são os elementos do sucesso. Em um artigo sobre essa tensão, a dra. Theresa Bullard comenta:

> Embora seja importante alcançar as metas externas do sucesso, se as consideramos como o objetivo e o motivador principais, nossos propósitos e desejos mais profundos serão deixados de lado. Quando nos sentimos insatisfeitos, indignos e não amados, com um senso de falta ou "insuficiência", temos a tendência de tentar preencher aquele vazio com "sucesso" e "coisas". Em alguns casos, o sucesso pode nos impedir de alcançar nossas metas por desatenção e busca de coisas erradas. Isso é literalmente o oposto de realização!
>
> A concentração no sucesso pode causar grande estresse na busca por resultados ou em razão de trabalho em excesso. Sabe-se que o estresse afeta a saúde, o bem-estar e pode levar a depressão, vícios e vida desequilibrada, o que, de modo geral, enfraquece a qualidade de vida.[7]

Deus concede-nos graciosamente muitas coisas para apreciarmos. Essas coisas nos dão prazer e satisfação, e a reação correta é perceber que procedem de Deus e agradecer-lhe por sua bondade e generosidade. No entanto, se essas coisas passarem a ser nosso objetivo central, nossa busca principal, seremos simplesmente conduzidos em vez de agradecidos, temerosos de não estar à altura em vez de descansar na bondade de Deus, e olhando por cima dos ombros para comparar nosso sucesso com o sucesso dos outros em vez de nos alegrar por tudo o que Deus já nos concedeu.

[7] The Difference Between Success and Fulfillment, June 22, 2018. Disponível em: <www.theresabullard.com/single-post/2018/06/21/The-Difference-Between-Success-and-Fulfillment>.

Nesta vida, somos uma mistura de coisas. Nossos motivos só serão puros quando virmos Jesus face a face; nesse meio-tempo, porém, devemos estar cientes de que o visível pode sobrepujar o invisível. Aos poucos, aprendemos a viver na tensão entre o sucesso exterior e a realização interior e podemos sentir níveis cada vez mais altos de gratidão e paixão. Precisamos ter a coragem de ao menos perguntar por que dirigimos determinado tipo de carro, por que moramos na casa que compramos, por que usamos determinadas roupas e por que postamos nossas atividades nas redes sociais. Talvez as respostas desafiem a perceber a importante tensão entre sucesso e realização.

Realização diz respeito a relacionamentos. Temos um senso de realização quando nossos filhos ou netos pulam em nosso colo e nos puxam as orelhas. Sentimos uma realização vicária ou indireta quando o casamento e a carreira profissional de nossos filhos vão bem. O grau de felicidade dos pais quase sempre coincide com o do filho mais infeliz.

Sou convidado para falar em algumas das maiores comunidades eclesiásticas do mundo. É uma honra estar ali, e certamente é uma medida de sucesso ser aceito de modo tão caloroso. No entanto, meu nível de realização é inversamente proporcional ao tamanho da plateia. Meu sentimento mais profundo de que a minha missão de vida está sendo realizada é quando me encontro com uma pessoa para falar sobre o que é mais importante para ela.

QUEM SOMOS E QUEM DEUS DESEJA QUE SEJAMOS

De certa forma, vivemos *situações duplas*. As Escrituras dizem que somos amados, perdoados e aceitos pela graça de Deus... mas continuamos a pecar. Na verdade, somos tão pecadores que foi necessário que o Filho de Deus morresse para pagar por nossos pecados. Ele continua a nos amar e nos valoriza mais que as estrelas no céu. Seja qual for a sua antropologia bíblica, todos nós admitimos que ainda não alcançamos o alvo. Até o apóstolo Paulo chegou a essa conclusão. Ele foi um dos líderes mais talentosos de toda a história, mas sabia que havia mais: continuava a lutar, avançar e se esforçava para conhecer, amar e servir a Jesus de modo mais completo. Escreveu aos filipenses sobre esse compromisso constante. Após listar suas muitas realizações e sua alta posição na comunidade judaica, ele virou tudo isso de cabeça para baixo. Explicou que sua posição e realizações não tinham mais nenhum significado para ele. A única coisa que importava era experimentar o amor de Jesus (v. Filipenses 3). No entanto, Paulo era realista e sabia que a vida cristã é um processo — em geral um processo longo e lento — de transformação. Ele escreveu àquela comunidade dizendo que não estava satisfeito com seu próprio crescimento espiritual. Continuava a apoiar-se firmemente no amor de Deus e em seus propósitos para ele.

> **Meu sentimento mais profundo de que a minha missão de vida está sendo realizada é quando me encontro com uma pessoa para falar sobre o que é mais importante para ela.**

Essas palavras não foram novidade em sua carta. Nas observações introdutórias, Paulo lembrou aos cristãos em Filipos que um dia eles seriam completamente transformados — não hoje, nem amanhã, mas um dia quando estiverem com Jesus face a face. Deus nos dá sede por ele e por um propósito de vida, e o nosso objetivo é buscar o Senhor de todo o coração para que ele sacie essa sede, mas entendemos que ela só será totalmente saciada quando chegarmos aos novos céus e à nova terra. Por enquanto, há sempre mais.

Eu vivo nessa tensão. Sou muito grato a Deus por tudo o que ele tem feito em mim, por mim e por meu intermédio, mas continuo buscando mais. Por que estou escrevendo este livro? Porque há mais conceitos para eu compartilhar. Por que viajo, faço palestras e dou assessoria? Porque Deus me concedeu um propósito e um chamado. Por que todos nós procuramos encontrar tempo para orar, estudar a Bíblia, cuidar dos necessitados, amar nossa família e amigos e adorar em companhia de outros cristãos? Porque estamos em uma jornada para descobrir mais sobre as maravilhas de quem Deus é e de quem ele nos criou para ser.

O DOM E OS DONS

Todos nós possuímos múltiplos dons, talentos e habilidades; possuímos também um ou dois que são mais importantes que os outros. A tensão deve dar-nos foco suficiente ao dom *principal*, a fim de não sermos distraídos pelos *demais* dons. Por exemplo, faço muitas coisas — escrevo, falo em público, atuo como líder e sou consultor —, mas meu maior impacto é passar tempo de qualidade com um líder.

> Todos nós possuímos múltiplos dons, talentos e habilidades; possuímos também um ou dois que são mais importantes que os outros. A tensão deve dar-nos foco suficiente ao dom principal, a fim de não sermos distraídos pelos demais dons.

Tenho visto pessoas que aceitam ser generalistas em vez de investir recursos para exercer seu talento principal com excelência; portanto, elas não se saem bem em seu *lugar ideal*. Outras são extremamente talentosas em uma área, mas encontraram um emprego confortável e estão ganhando dinheiro em outra atividade. É importante maximizar o nosso melhor talento. Como identificamos e aprimoramos o melhor talento que Deus nos concedeu? Aqui vão três princípios:

1. ***O dom precisa ser* descoberto**

Quem lhe disse: "Sabe de uma coisa? Você é muito bom em..."?. Que atividades lhe proporcionam plena alegria e vigor e abastecem seu tanque emocional? Quais são as coisas em torno das quais você está sempre envolvido? Em que seu coração se concentra nas horas de inatividade? Provavelmente as respostas a essas perguntas lhe proporcionarão uma janela aberta para você enxergar seu dom principal.

2. *O dom precisa ser* desenvolvido

   Até os atletas mais talentosos passam horas intermináveis aprimorando suas habilidades, e os maiores músicos ensaiam incessantemente. Com você não é diferente. Para aprimorar seu talento, você precisa investir em treinamento, consultoria e encontrar oportunidades de praticá-lo. Às vezes, isso exige grandes investimentos de tempo e dinheiro, mas, em geral, você está tão ansioso para ser o melhor nessa área que não se importa com os detalhes.

3. *O dom precisa ser* acionado

   A prática precisa ter um propósito; o talento precisa ser ativado. Você precisa encontrar meios de usar seu dom, até mesmo esporadicamente, a fim de aprimorar suas habilidades e de alguma forma se expor para encontrar novas oportunidades. Com o tempo, você descobrirá em que área é mais vitorioso e realizado. No processo, talvez descubra um dom adormecido por muitos anos... ou que nunca tenha notado até aquele momento. Mais cedo ou mais tarde, você terá de tomar uma decisão: pode permanecer em sua atividade atual, mas adaptar suas responsabilidades atuais em torno desse dom ou encontrar uma nova atividade que maximize seus talentos.

Quando identificamos o dom principal e começamos a nos aprimorar nele, enfrentamos duas tensões. Por exemplo, nossa paixão talvez não repercuta de imediato em um trabalho com um salário estável. Muitos garçons e garçonetes ganham a vida enquanto procuram oportunidades de fazer algo que realmente almejam. Digamos que eles vivem em um *estágio intermediário* por algum tempo enquanto ganham a vida e buscam oportunidades de fazer o que realmente amam.

Quando temos medo das tensões na vida pessoal, nós as desprezamos, derivamos para um dos extremos a fim de encontrar respostas rápidas ou afundamos sob a pressão de não saber como viver nelas. Se, porém, aceitarmos as tensões, poderemos dar um passo para trás a fim de ver com mais clareza, entender as complexidades, encontrar o ritmo que funcione para nós e confiar que Deus nos conduzirá a uma vida com mais amor e realizações do que somos capazes de imaginar.

A COMPLEXIDADE DA TENSÃO

Alguns de nós somos muito realistas: supomos que podemos segmentar cada área de nossa vida e, dessa forma, lidar com os desafios e aproveitar as oportunidades de cada uma. Contudo, a presença persistente da tensão em uma área aumenta a ponto de afetar as outras partes da vida. Explicando melhor, o cardápio do café da manhã não é feito de dois ovos perfeitamente fritos e radiantes; está mais para ovos mexidos! As tensões no trabalho influenciam em como tratamos as pessoas em casa; as tensões em casa exaurem nossos pensamentos e nos deixam desatentos no trabalho; e as tensões relacionadas a preocupações com saúde, dificuldades financeiras, relacionamentos problemáticos, ninho vazio, pais idosos e uma grande variedade de pontos de estresse afetam outras áreas da vida, por mais que nos esforcemos para separá-los.

Você pode adaptar suas responsabilidades atuais em torno desse dom ou encontrar uma nova atividade que maximize seus talentos.

Evidentemente, quanto maior e mais prolongada for a tensão, maior será o impacto dela. Viver sob forte tensão por um longo período de tempo desgasta a capacidade do organismo de lidar com a situação, a capacidade da mente de pensar e retarda a recuperação de nosso potencial emocional. Necessitamos de discernimento para saber como a tensão está nos afetando e de coragem para entrar em ação e resolver o que for possível. No entanto, enganamos a nós mesmos quando supomos que uma área de nossa vida não afeta as outras.

MINHA ESPERANÇA PARA VOCÊ

À medida que lê este livro, espero que você perceba que a presença da tensão não é uma deficiência sua nem ameaça de outras pessoas. Não é um problema a ser resolvido, mas uma força a ser usada. Quando você desenvolve essa perspectiva e se vê frente a frente com a tensão, fica menos confuso e sente-se menos culpado porque entende que a tensão não resulta de um erro ou defeito seu. Desse modo, você sentirá menos pressão para solucionar os problemas e menos forçado a resolvê-los completamente e com rapidez.

Ao internalizar os princípios destes capítulos, você não se surpreenderá quando as pessoas se arriscarem para defender os pontos de vista delas e até apaixonarem-se por eles. Você aprenderá a dizer-lhes palavras de afirmação, ouvi-las e usar a energia delas para encontrar soluções viáveis.

Assim que você se tornar mais confiante para usar a tensão de modo criativo, não se precipitará a fazer suposições a respeito dos motivos das pessoas, não se intimidará quando elas defenderem seu modo de agir, não fará vista grossa quando elas tentarem se esconder, e compreenderá os esforços que fazem para reduzir a tensão apaziguando outros.

> Assim que você se tornar mais confiante para usar a tensão de modo criativo, não se precipitará a fazer suposições [...], não se intimidará.

Quando aceitamos a tensão como realidade da vida, adquirimos confiança e clareza mental ao depararmos com ela. Tornamo-nos mais sábios e mais acessíveis. Nosso foco muda: em vez de nos livrarmos da tensão, nós a usamos para criar algo melhor que antes. Não andamos pisando em ovos, com medo de dizer a coisa errada. Aprendemos quando devemos falar, quando perguntar, quando ouvir e quando deixar a situação como está.

Se acreditarmos que nosso bom comportamento nos livrará das tensões, criaremos um tipo de tensão capaz de nos devorar vivos. Ouvi dizer que "Sua felicidade é inversamente proporcional aos seus deveres". O corolário é "Mais deveres, menos alegria". A meu ver, isso é absolutamente verdadeiro. Quando relaxamos no meio da tensão, vemos as pessoas e as situações com mais clareza e convidamos nossa família e equipe para entrarem no processo de usar a tensão de modo criativo na vida e na liderança.

No final de cada capítulo, você encontrará algumas perguntas para reflexão e um exercício de aplicação. Não se apresse. Vá com calma: pense, ore e registre por escrito as suas ideias. Você poderá usar também essas perguntas e exercício para incentivar discussões em grupo e em equipe.

PENSE

1. Você já sentiu falta de equilíbrio entre a família e o trabalho? Se sim, como isso afetou você e seus relacionamentos mais importantes?

2. O que o ajudaria a estabelecer ritmo para encontrar a mistura certa de tempo com a família e com o trabalho? Como seria esse ritmo?

3. Como você descreveria seu *tanque*, sua *bateria* ou seu *saldo bancário* no ano passado? Quanto entrou e quanto saiu? Há algo que necessita ser mudado? Se sim, que atitudes você precisa tomar?

4. Como você descreveria as diferenças entre sucesso e realização? Por que acha que o sucesso é quase sempre mais atraente que a realização?

5. Quando estamos em *situações duplas*, quais são alguns *insights* que podem nos ajudar a não nos sentirmos desencorajados porque não estamos crescendo mais em nossa vida espiritual?

6. Ao fazer uma retrospectiva dos últimos anos, como você viu seu dom adquirir vida? O que pode fazer para desenvolvê-lo e acioná-lo?

APLIQUE

- Ao ler este capítulo, que tensões aqui descritas o fizeram lembrar-se de suas experiências?
- Como você reagiu na ocasião?
- Como deseja reagir da próxima vez?
- Você conhece alguém que esteja enfrentando uma tensão semelhante hoje? Quem?
- Como você pode ajudar essa pessoa a aceitar a tensão, resolver a tensão ou usar a tensão para estimular uma solução inovadora?

2

TENSÕES COM PESSOAS

A vida é uma série de puxões para trás e para a frente [...].
Uma tensão de opostos, como puxar um elástico.
E a maioria de nós vive em algum lugar no meio [...].
Que lado vence? O amor vence. O amor sempre vence.

Mitch Albom[1]

Poucos anos atrás, o CEO de uma grande empresa ligou-me pedindo que fizesse uma viagem aérea para ir ao encontro dele. Explicou que queria que eu o ajudasse na direção do futuro da empresa "e, ah, sim, em alguns problemas com funcionários". Quando nos encontramos, perguntei-lhe o que estava acontecendo. Nos 90 minutos seguintes, ele contou história após história sobre as tensões pelas quais passava. Em todas ouvi o mesmo nome:

> Quando *aquilo* aconteceu, Charlie fez *isso* e causou muitos problemas... Quando *aquilo* aconteceu, Charlie se intrometeu e fez uma bagunça. ... Charlie veio até mim com esta reclamação.

[1] **Tuesdays with Morrie:** An Old Man, a Young Man, and Life's Greatest Lesson. New York: Broadway Books, 2017.

> ... Quando mencionei a visão para nossa empresa, Charlie manifestou-se e tentou destruí-la. ... Charlie começou esse programa que custou muito mais que a verba destinada a ele. ... Fiquei sabendo que há na empresa um movimento de resistência por baixo dos panos e ouvi dizer que o líder é Charlie...

E assim por diante.

Durante nosso encontro, a futura direção da organização não foi mencionada, e não havia *problemas com funcionários* em geral — havia apenas o *problema com Charlie.* A liderança e a vida do CEO estavam desgastadas em razão de seu relacionamento com Charlie. Na verdade, ele media cada decisão pensando em como Charlie reagiria. Charlie era chefe de seção, mas, na verdade, estava dirigindo a empresa. Tornara-se uma pedra no sapato do CEO, um aborrecimento constante e doloroso.

Em minhas reuniões com centenas ou talvez milhares de líderes de empresas, comunidades eclesiásticas e organizações sem fins lucrativos, tenho notado um detalhe constante: há sempre *um Charlie.* Há sempre alguém na equipe, no comitê ou na diretoria que exerce poder e controle desproporcionais.

Da mesma forma, tenho me reunido com muitos presidentes, CEOs, diretores de empresa e líderes espirituais que me contam que nas reuniões importantes de liderança de, digamos, cinco pessoas, quatro delas são comprometidas com o trabalho, perceptivas, flexíveis, alinhadas com o futuro, esperançosas e positivas, mas sempre existe um *"mas..."*. Tal pessoa — vou chamá-la de Susie — é muito parecida com Charlie: negativa, pessimista, perturbadora de ambiente e capaz de exaurir a energia da equipe, embora quase sempre se apresente sorrindo e aparentando ter espírito de equipe.

O restante do grupo está ansioso por debater conceitos e procedimentos e procura um resultado positivo. Mas Susie quer apenas controlar a reunião e adquirir poder, apresentando constantes objeções. Em geral, ela se comunica com emoção para forçar as pessoas a recuarem. Mesmo que seus argumentos não convençam, ela intimida o grupo o suficiente para impedir que haja progresso. Diz abruptamente: "Não podemos fazer isso! É besteira!", "Nunca vai funcionar!", "Já tentamos antes. Não deu certo na época e não vai dar certo agora!".

Tenho certeza de que neste momento você está pensando no Charlie ou na Susie que você tem ao seu redor.

Enquanto prepara a reunião, o líder da organização está pensando principalmente em Susie, aquela do *mas...*, e faz algumas adaptações para acalmá-la. Quando está no elevador ou a caminho da reunião, ele pensa de novo em Susie e imagina como poderá dizer a coisa certa e da maneira certa para induzi-la a concordar com seus novos planos. Durante a apresentação, enquanto descreve sua ideia, sugere providências a serem tomadas e conduz a discussão, o líder presta mais atenção em Susie do que em todos os outros. Várias vezes, no decorrer da reunião, refere-se a ela: "Conforme Susie já disse...". Ele a prestigia na tentativa de conquistar sua influência positiva.

Susie não sai da cabeça do líder. Ocupa um lugar privilegiado. O líder vive para agradar a ela ou, ao menos, reduzir o estrago que ela pode causar, mas a tentativa de conciliação é a pior maneira de liderar.

Talvez o líder não se dê conta do que acontece, mas sua visão grandiosa para a organização foi reduzida, esmagada e restringida porque ele previu a reação de uma pessoa negativa. Tudo gira em torno da pessoa que demonstra pouquíssimo entusiasmo, visão curta demais e é a mais cética do grupo. Evidentemente, Susie imagina estar exercendo um papel de suma importância ao trazer *realismo* à equipe, mas todos nós sabemos que pessimismo não é realismo.

Por que o líder não a confronta? Ah, ele a confronta — muitas vezes, na verdade, mas sempre com sugestões, nunca com expectativas e consequências claras. As pessoas de fora têm todos os motivos para se perguntar se é possível que o líder de uma grande e prestigiada empresa deixe essa situação continuar indefinidamente.

Sim, é possível. Aliás, acontece o tempo todo.

A mesma dinâmica ocorre nas interações familiares, principalmente nos jantares comemorativos ou reuniões em família. Há sempre alguém, talvez *"a maluca da tia Sally"*, em quem todos pensam ao planejar o evento, durante o evento e muito tempo após o evento. Algumas pessoas recusarão o convite se souberem que ela estará presente, algumas irão embora zangadas, porque a tia Sally as ofendeu 453 vezes (mantêm até um registro das ofensas) e não voltarão mais. Todos continuarão falando da tia Sally nos próximos dias.

Da mesma forma que nos fortalecemos quando nossa conexão com as pessoas nos estimulam, também murchamos quando nos exaurem ou nos prejudicam.

Necessitamos de relacionamentos amorosos e confiáveis da mesma forma que precisamos de água, alimento e ar. Da mesma forma que nos fortalecemos quando nossa conexão com as pessoas nos estimulam, também murchamos quando nos exaurem ou nos prejudicam. No entanto, até os melhores relacionamentos incluem sua quota de tensão. Precisamos entender as tensões normais para construirmos relacionamentos saudáveis.

LIDERANDO E SENDO LIDERADO

Às vezes, pensamos que as pessoas cujos nomes aparecem no topo do organograma não são lideradas por ninguém... mas não é assim. Todos nós, seja qual for a posição que ocupemos, devemos prestar contas a alguém: patrão, diretoria, acionistas ou mentor. Evidentemente, a maioria de nós não aparece no topo do organograma, e é fácil ver quem nos lidera e quem lideramos. O fato de liderar e ser liderado produz algumas tensões:

1. Temos autoridade, mas precisamos nos submeter àqueles a quem devemos prestar contas.
2. Somos líderes, mas lideramos melhor quando servimos.
3. Valorizamos a criatividade e a inovação, mas determinadas coisas precisam ser feitas... e feitas na hora.
4. Temos uma visão para o futuro, mas nossos superiores também têm, e a visão deles pode ser diferente da nossa.
5. Buscamos crescimento, mas precisamos sempre consolidar os ganhos.

A TENSÃO DOS DISCÍPULOS

Vemos essa tensão no relacionamento de Jesus com os discípulos. Mateus diz: "Chamando seus doze discípulos, deu-lhes autoridade para expulsar espíritos imundos e curar todas as doenças e enfermidades".[2] Posso imaginar a resposta deles: "Fantástico! É disto que estou falando!". No entanto, logo a seguir, no mesmo capítulo, Jesus os advertiu: "Quem acha a sua vida a perderá, e quem perde a sua vida por minha causa a encontrará".[3] Os que seguem Jesus recebem autoridade, mas, ao mesmo tempo, abrem mão de *sua* autoridade.

Toda autoridade é delegada ou emprestada. Não a inventamos nem a produzimos. Alguém superior nos dá responsabilidade,

[2] Mateus 10.1.

[3] Mateus 10.39.

recursos e uma função a cumprir. Se dissermos arrogantemente que a autoridade procede de nós, abusaremos dela para dominar os outros. Se, porém, a aceitarmos da mão de outra pessoa, a exerceremos com humildade e força.

Em todos estes anos de encontros com líderes do mundo empresarial e eclesiástico, tenho ouvido algumas declarações que representam, pelo menos, bandeiras amarelas, ou até vermelhas, e me revelam a percepção da pessoa em relação à autoridade. Estas são algumas:

"Eu trabalho em favor da visão, não do líder. Não o respeito nem um pouco".

"Façam o que quiserem na organização — menos em minha área. Deixem-me em paz e à minha área também!".

"Detesto dizer isto, mas sou um líder muito mais eficiente que meu chefe (ou líder espiritual)".

"Ninguém por aqui trabalha tanto quanto eu".

"Meu líder seria muito melhor se ele seguisse meu conselho".

Você é capaz de ouvir ecos de conversas que teve ou ouviu ao longo dos anos? Ou alguns desses comentários partiram de você mesmo? Eles revelam que a pessoa insiste em ser líder, mas não gosta de ser liderada.

Permita-me apresentar algumas recomendações para liderar com eficiência e, ao mesmo tempo, ser liderado. Adaptei-as do meu amigo Chris Sonksen, fundador e líder de uma organização chamada Boom, que promove o crescimento de comunidades espirituais:

1. Procure ter um espírito de proprietário. Isto é, assuma a responsabilidade sem reclamar ou culpar alguém.
2. Administre o dinheiro da organização como se fosse seu.

3. Respeite seu líder, mesmo quando discorda de uma política, e respeite seus subordinados, tratando-os da maneira que gostaria de ser tratado se estivesse na posição deles.
4. Desenvolva a habilidade de ver o que seu líder vê. Ao percorrer o local, observe a mancha no carpete, a porta emperrada, o mau-humor da recepcionista. Não espere que o líder observe esses pormenores e tome providências. Faça o possível para resolver esses problemas.
5. Fale a linguagem de seu líder. Observe o que o entusiasma e o que o desanima.
6. Facilite a vida de seu líder realizando seu trabalho com tal eficiência que ele nunca tenha de se preocupar com você nem lembrá-lo de fazer um trabalho que lhe foi destinado. Não seja bajulador, mas encontre meios de encorajar seu líder.
7. Continue a desenvolver suas habilidades e capacidade. Invista em você contratando um mentor ou *coach*, lendo livros e revistas referentes à sua área, ouvindo *podcasts* e vendo vídeos produzidos por líderes de seu campo de atividade. Você acha que não tem tempo para essas coisas? Se examinar e organizar cuidadosamente sua agenda, encontrará tempo.
8. Aprenda a fazer perguntas importantes. Tenho notado que as pessoas que são excelentes no trabalho que realizam têm a habilidade de fazer perguntas perspicazes que chegam ao coração das pessoas e revelam a complexidade dos sistemas e processos.
9. Nunca traia a confiança de alguém. Fale a verdade, não se envolva em mexericos, resolva os conflitos com a pessoa sem permitir que o ressentimento contamine o

ambiente, seja pontual e use sua autoridade para enaltecer as pessoas.

10. Comunique-se de modo claro, regularmente e bem. Não suponha que todos entendam o que você já explicou uma vez. Procure ter o reflexo de pedir: "Repita o que acabei de dizer".[4]

Todos nós — desde CEOs até todas as funções exibidas no organograma e as pessoas de cada família — vivem na tensão de liderar e de ser lideradas. Não temos o poder absoluto de fazer o que queremos; não estamos no controle completo. No entanto, recebemos autorização para assumir a responsabilidade em nossas empresas e lares, ser submissos a nossos superiores e liderar as pessoas com força e boas maneiras.

INFLUÊNCIA E INFLUENCIADORES

Podemos ter determinada quantidade de influência sobre nós mesmos, mas exercemos um impacto muito mais profundo e amplo quando nos multiplicamos ao recrutar, treinar, equipar e posicionar outras pessoas para exercerem influência. Uma das tendências mais significativas no mercado *on-line* é a contratação de influenciadores das redes sociais. Essas pessoas são pagas para dizer ao mundo o que pensam dos produtos e serviços àqueles que acessam seus *sites*.

Em um artigo sobre o assunto, Carla Rivera explica:

> O influenciador das redes sociais é um usuário que conseguiu credibilidade em uma indústria específica, tem acesso a grande quantidade de pessoas e é capaz de persuadir os outros

[4] Disponível em: <www.churchboom.org>.

> com base em suas recomendações. O influenciador possui ferramentas e autenticidade para atrair muitos visitantes constantemente e pode motivar outros a aumentarem o número de seus visualizadores. Qualquer um pode ser influenciador, desde blogueiros e celebridades, até empreendedores *on-line*. Precisam simplesmente capitalizar em um nicho para obter credibilidade generalizada.[5]

Até onde vai o alcance deles? Rivera diz que o Daily Dose é um *site* motivacional que alcança 200 milhões de pessoas, uma em cada quatro que usam o Instagram no mundo inteiro. Huda Kattan é a maior influenciadora do mundo em assuntos de beleza, com 29 milhões de seguidores. Cameron Dallas possui 21 milhões que o seguem para ver seus vídeos sobre diversos assuntos. Kayla Itsines possui 10,5 milhões de seguidores que visualizam seus vídeos de exercícios físicos e mensagens inspiradoras.[6]

Provavelmente você e eu não sejamos celebridades no YouTube, mas todos nós temos a oportunidade de entrar na vida dos outros com o objetivo específico de ajudá-los a ter um impacto constante. De pessoa para pessoa, *passamos a boa ação adiante* e vemos vidas transformadas. Pode ser algo pequeno no começo e transformar-se em algo incrivelmente importante. Jesus começou com 12 homens e, dali a poucas gerações, o impacto deles alcançou todo o mundo romano. Líderes espirituais ou empresariais e pessoas que ocupam qualquer posição de influência podem expandir seu alcance investindo na vida de algumas pessoas. Os caça-talentos e olheiros procuram atletas com talentos excepcionais

5 9 of the Biggest Social Media Influencers on Instagram. **Digital Marketing Institute**. Disponível em: <digitalmarketinginstitute.com/en-us/blog/9-of-the-biggest-social-media-influencers-on-instagram>.

6 Ibid.

para jogar em suas equipes esportivas, desde beisebol e críquete até ginástica. Não esperam que seus próprios talentos atléticos façam diferença, nem se contentam com os atletas que já têm na equipe. Estão sempre à procura de um novo grupo de estrelas.

Os pais e os avós têm oportunidades maravilhosas de desenvolver caráter, esperança e coragem na vida dos filhos. As crianças são esponjas que absorvem as mensagens verbais e não verbais transmitidas pelas pessoas próximas a elas.

Duas ilustres psicólogas apresentam uma perspectiva sobre a influência que exercemos nos nossos filhos. Virginia Satir lança-nos este desafio: "Cada palavra, expressão facial, gesto ou ação da parte dos pais transmite à criança uma mensagem a respeito de valor pessoal. Infelizmente, muitos pais não percebem qual é a mensagem que estão enviando".[7]

Brené Brown conquista o coração da maioria de nós:

> Não sou especialista em educar filhos. Aliás, não tenho certeza se acredito na ideia de "especialistas em educar filhos". Sou uma mãe responsável e imperfeita e apaixonada por pesquisas. Sou uma cartógrafa experiente e uma viajante desastrada. Assim como a maioria de vocês, educar filhos está muito longe de ser minha aventura mais ousada.[8]

Ao transmitir valores, esperanças, visão e conhecimentos às pessoas, precisamos nos lembrar de que levamos muito tempo para progredir, pelo menos no princípio. Se você estiver mentoreando uma criança, um membro da equipe ou alguém de seu

[7] In: Ford, Judy. **Wonderful Ways to Be a Family**. San Francisco: Red Wheel, 1998. p. 93.

[8] **Daring Greatly**. New York: Random House, 2012. p. 216. [**A coragem de ser imperfeito**. Rio de Janeiro: Sextante, 2016.]

pequeno grupo, não os cumule de responsabilidades nem os sobrecarregue. Invista em tempo para treinar, averiguar e facilitar as coisas novas para eles. Você descobrirá, ou talvez já tenha descoberto, que algumas pessoas vicejam diante de desafios e algumas murcham sob o peso deles. Saiba discernir a diferença entre as pessoas sobre as quais exerce influência e adapte-se ao estilo e à capacidade motivacionais que cada uma possui para lidar com desafios. Você economizará tempo e dinheiro no longo prazo e aumentará a probabilidade de que seus esforços tenham êxito para produzir um novo influenciador.

Ao transmitir valores, esperanças, visão e conhecimentos às pessoas, precisamos nos lembrar de que levamos muito tempo para progredir, pelo menos no princípio.

DESAFIO E RITMO

Conforme vimos, algumas pessoas são firmes e resilientes, e outras são maleáveis e frágeis, mas todas esforçam-se para ter uma visão mais ampla do futuro. Como líderes, pais e amigos, se pressionarmos demais, poderemos transmitir entusiasmo a essas pessoas por algum tempo, mas corremos o risco de esmagar o espírito delas. No entanto, para os que são dinâmicos, se formos muito lentos, muito cautelosos ou muito tímidos, as pessoas encontrarão alguém que atirará o fósforo da visão no combustível de sua paixão. Como nos relacionamos com pessoas diferentes, o tamanho único não serve para todos. Conheço muitas pessoas talentosas e comprometidas que deram tudo o que possuíam para cumprir suas responsabilidades e, quando se sentiram pressionadas a fazer mais, logo chegaram ao limite e sucumbiram sob o estresse. Estavam fazendo o que podiam na velocidade que podiam, mas o esforço para produzir mais e o ritmo acelerado foram exagerados para elas.

Também conheço pessoas com extraordinários talentos latentes que só afloraram quando ouviram de seu chefe ou de um dos pais: "Você não está aproveitando todo o seu potencial. Você é muito melhor do que isso. Vamos, arregace as mangas. Faça algo grande!". É muito importante saber a diferença entre esses dois tipos de pessoas.

Para chegar à posição que ocupam, muitos líderes conseguiram algo maior e melhor por meio de muito esforço, luta e empenho. Agora, eles entram nas reuniões com a certeza de que cada pessoa é capaz de realizar mais — às vezes, muito mais. Evidentemente, não há nada de errado em mostrar às pessoas que elas podem voar mais alto, mas alguns desses líderes não enxergam a variedade de motivações na sala. Tudo o que veem é uma sala repleta de pregos, portanto a única ferramenta que usam é o martelo.

A grande comissão foi a visão mais audaciosa da história, e vemos que os cristãos da igreja primeva deram tudo o que possuíam em favor da causa.[9] O relato de Lucas ilustra o enorme desafio, o ritmo paciente e as decisões cruciais tomadas pelos líderes da igreja primeva. Por exemplo, milhares de pessoas foram salvas no Pentecoste e nos meses subsequentes, mas os discípulos entenderam que todos aqueles novos convertidos precisavam de apoio e ensinamento, portanto formaram pequenos grupos para reuni-los.[10]

A implementação daquela comunidade levou os discípulos ao limite. A certa altura, eles perceberam que algumas

[9] Referência do autor ao texto bíblico: "Então, Jesus aproximou-se deles e disse: 'Foi-me dada toda a autoridade nos céus e na terra. Portanto, vão e façam discípulos de todas as nações, batizando-os em nome do Pai e do Filho e do Espírito Santo, ensinando-os a obedecer a tudo o que eu ordenei a vocês. E eu estarei sempre com vocês, até o fim dos tempos.' ", registrado em Mateus 28.18-20 (Nova Versão Internacional). [N. do E.]

[10] V. Atos 2.

mulheres gregas recém-convertidas estavam sendo esquecidas.[11] Em vez de culpar os gregos por reclamarem, eles adaptaram a estrutura de sua liderança para cuidar deles. Logo depois, Estêvão falou com ousadia e pagou o preço máximo de ser apedrejado até a morte.[12]

Saulo foi cúmplice na execução e trabalhou para destruir a igreja, mas Jesus foi ao encontro dele na estrada de Damasco e mudou a trajetória de sua vida.[13] Saulo provou imediatamente que estava completamente dedicado a Cristo ao pregar na sinagoga em Damasco sobre a salvação por intermédio de Jesus até o ponto de ser ameaçado de prisão e morte. Quando os discípulos em Jerusalém não acreditaram na história da conversão de Saulo, Barnabé levantou-se para defendê-lo. Os líderes perceberam a sinceridade de sua fé, mas Saulo constituía uma ameaça por onde quer que andasse, portanto eles o enviaram de volta a Tarso. Lucas relata: "A igreja passava por um período de paz em toda a Judeia, Galileia e Samaria. Ela se edificava e, encorajada pelo Espírito Santo, crescia em número [...]".[14]

Quando interferimos na vida das pessoas que lideramos ou dos filhos que criamos, temos de entender quem necessita de desafios e quem se desenvolve quando recebe palavras de afirmação. Até certo ponto, todos precisam de ambos, mas sentem-se compreendidos, apoiados e encorajados a oferecer o melhor quando nós entendemos o desejo específico de cada um.

> **Quando interferimos na vida das pessoas que lideramos ou dos filhos que criamos, temos de entender quem necessita de desafios e quem se desenvolve quando recebe palavras de afirmação.**

11 Atos 6.1.
12 Atos 7.
13 Atos 9.
14 Atos 9.31.

Certamente, usamos o desafio para elevar a visão das pessoas, mas proporcionamos um ritmo realista para mudança e crescimento, principalmente para as mais sensíveis. Dizem que, se um líder estiver dez passos adiante dos liderados, ele se torna mártir porque passa a receber críticas de muitas pessoas; se ele, porém, estiver dois passos adiante, é um visionário — o melhor tipo de líder.

UNIDADE E DISCORDÂNCIA

Algumas pessoas estão completamente enganadas a respeito do conceito de unidade. Supõem que o fato de manifestarem suas preocupações e discordâncias destrói a unidade, mas esse não é o caso. A discordância saudável nos estimula a mente, aclara o propósito e molda a direção a seguir. Sem ela, estagnamos; com ela, cada pessoa da equipe ou da família pode se sobressair.

Um amigo meu — vou chamá-lo de Dan — fazia parte da diretoria de uma empresa sem fins lucrativos. Durante semanas, os membros da diretoria debateram sobre como lidar com o fracasso dos CEOs na liderança da organização. As 12 pessoas, a maioria recrutada por serem competentes e terem disposição para doar generosamente à organização, estavam divididas quanto ao modo de pensar sobre a função do CEO; por isso, as discussões se tornaram cada vez mais acaloradas ao longo do tempo. Finalmente, o presidente do conselho convocou uma reunião para resolver o assunto de uma forma ou de outra.

Tão logo a reunião começou, Dan sussurrou ao ouvido de outro membro da diretoria:

—Vamos ver como o pessoal vai lidar com as discordâncias esta noite. Espero que se sintam livres para dizer o que precisa ser dito.

Decorridos cerca de quinze minutos, nos quais duas pessoas haviam compartilhado cautelosamente suas convicções, um dos diretores disse em tom exasperado:

— Não está certo! Não devíamos ter esse tipo de discordância. É melhor interromper a reunião, esfriar a cabeça e voltar com ideias mais claras.

O presidente do conselho pareceu confuso. Hesitou por um instante e depois disse:

— Está certo. Voltaremos na próxima semana para ver se avançamos quanto à decisão.

Com ar de alívio, o homem sentado ao lado de Dan disse-lhe:

— Uau! Isso baixou o nível de tensão na sala, não?

Dan replicou:

— É esse o objetivo da reunião? Às vezes, temos de nos engalfinhar com a tensão em vez de fazer o possível para eliminá-la.

Depois de uma pausa, explicou:

— Tudo isso só serviu para adiar a difícil conversa que precisamos ter. Aquele se sente poderoso, o presidente do conselho se sente confuso, e nós aqui perdemos a oportunidade de sermos sinceros uns com os outros.

Há uma grande diferença entre unidade e uniformidade. A primeira une as pessoas, apesar de suas diferenças; a segunda procura eliminar todas as diferenças, confiando na força para promover mudança ou alcançar objetivos. A discordância é, com certeza, uma ameaça à uniformidade, mas esse não deve ser o nosso objetivo. Opiniões diferentes, mesmo quando expressas com muita firmeza, não destroem a unidade... a menos que as pessoas suponham que sim.

> A unidade une as pessoas, apesar de suas diferenças, ao passo que a uniformidade procura eliminar todas as diferenças.

A discordância saudável concentra-se nas ideias, não na pessoa. Em outras palavras, não se envolva em ataques *ad hominem*, ou seja, evite o uso de *palavras acusadoras* na discussão. Ainda assim, é importante evitar destruir a ideia. Ao contrário, concentre-se nos pontos fortes da ideia e tente encontrar meios de melhorá-la. Em vez de dizer: "Sim, mas...", diga: "Sim, e...". Não pense que quem discorda de você não apenas está errado, como também é tolo e mau.

Tenho participado de reuniões nas quais as discordâncias se tornaram muito pessoais e acaloradas demais. Em vez de continuar a reunião e tentar navegar em águas agitadas, faço uma pausa e digo: "Voltaremos ao assunto daqui a alguns minutos, mas, antes, vamos conversar sobre o que está acontecendo aqui neste momento". Em seguida, passo algum tempo treinando o grupo em como ter discordâncias saudáveis que fortalecem a equipe em vez de destruí-la. Quando voltamos à questão que instigou o intenso debate, se o pessoal continuar a transgredir as normas que acabei de apresentar, digo: "Vamos parar exatamente aqui e pensar no assunto durante uma semana. Talvez na próxima reunião possamos ter uma conversa muito franca sem a bagagem adicional de culpa e desconfiança. Mas, antes, vamos falar sobre os valores da humildade, do respeito e de saber ouvir. Se não nos entendermos, não teremos conversas sinceras. Somente manipularemos uns aos outros, e não gostaria mais de ver isso acontecer".

> Os grandes líderes convidam as pessoas a questionar suas ideias, mas não cedem a ponto de concordar com as convicções de cada membro da equipe.

Brian King, consultor e analista de negócios, observa:

> Pergunte a qualquer líder empresarial a respeito do processo que propiciou algumas das melhores e mais importantes decisões tomadas, e provavelmente ele lhe falará sobre debates, discordâncias e discussões controvertidas em meio à equipe de liderança, e tudo isso propiciou as decisões finais e o caminho a ser seguido. Lembro-me de vários desses exemplos também em minha empresa e das vezes que tive de me

> lembrar de ser tolerante, refletir e aceitar os desafios e questões sobre minha opinião e decisões.[15]

Em empresas, comunidades eclesiásticas, organizações sem fins lucrativos e famílias, a uniformidade não é um objetivo a ser alcançado. Os grandes líderes convidam as pessoas a questionar suas ideias, mas não cedem a ponto de concordar com as convicções de cada membro da equipe. Eles estão seguros o suficiente para aceitar a discordância, mas são habilidosos o suficiente para fazê-la produzir um resultado que empurre a organização ou a família para a frente e permita que cada pessoa envolvida se sinta valorizada. Uma dose de discordância é uma tensão inevitável na vida dos líderes.

A EQUIPE E OS INDIVÍDUOS

Os líderes vivem na tensão entre o que é melhor para a equipe e o que é melhor para o indivíduo da equipe. Às vezes, todos recebem uma tarefa, mas quase sempre ela é delegada a uma pessoa que organiza os recursos para alcançar o objetivo.

Durante anos, tenho ensinado aos líderes que os sistemas que utilizam são, no mínimo, tão importantes quanto as pessoas da equipe. O sistema é como a equipe funciona: como é organizada, toma decisões, põe as decisões em prática, se comunica e obtém retorno correto. O sistema é o veículo que os membros da equipe dirigem para chegar a seus objetivos.

A ilustração a seguir mostra os pontos de tensão entre os sistemas e os integrantes da equipe:

[15] How Good Leaders Handle Disagreement, June 26, 2018. Disponível em: <www.briantking.com/insights/how-good-leaders-handle-disagreement-vs-weak-leaders>.

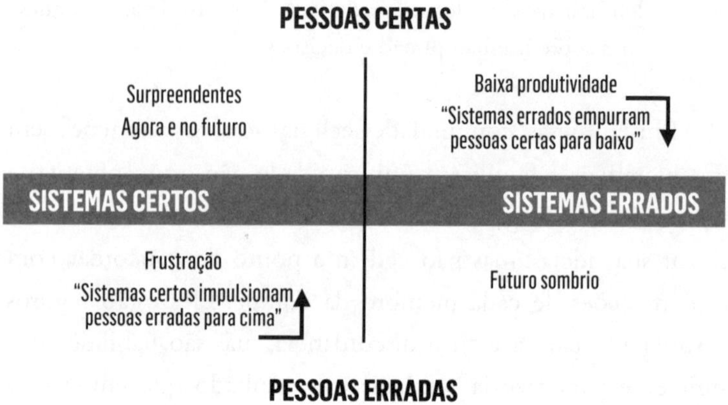

- Sistemas certos e pessoas certas trabalham em harmonia e são muito produtivos.
- Sistemas certos impulsionam pessoas erradas para cima.
- Sistemas errados empurram pessoas certas para baixo.
- Sistemas errados e pessoas erradas resultam em um colisão desastrosa.

Quase todos nós que atuamos em negócios, em comunidades eclesiásticas ou em organizações sem fins lucrativos precisamos analisar nossos sistemas com muito mais rigor. Convivemos com eles ano após ano porque fazem parte da história de nossa organização — "o modo como sempre fizemos as coisas" —, mas talvez não sejam tão eficazes quanto deveriam ser. Somos prudentes para não aceitar nada sem discutir, ler, estudar, contratar um consultor e fazer o que for necessário para refinar ou reconstruir nossos sistemas de operações para que se tornem mais eficientes.

Precisamos analisar bem os nomes exibidos no organograma. À medida que as organizações crescem, algumas pessoas desenvolvem talentos e habilidades. Muitas, porém, não conseguem manter o ritmo ao assumir outras responsabilidades. Não temos necessariamente de demitir pessoas, mas talvez seja preciso transferi-las para uma função na qual seus talentos e capacidade se enquadrem na organização. Essas são decisões difíceis, mas trata-se de uma tensão que todas as organizações em desenvolvimento enfrentam.

A solução não é focar somente um ou outro, sistemas ou quadro de funcionários, mas ter a coragem de fazer perguntas difíceis a respeito de ambos.

FAMILIAR E DISTANTE

À medida que a organização se expande, o líder alcança os limites de familiaridade nos relacionamentos. O líder espiritual ou empresarial talvez reconheça o rosto e se lembre dos nomes de 100 ou até 200 pessoas, mas, além desse ponto, o rosto e os nomes se apagam da memória. Não se trata de uma falha; trata-se apenas de uma realidade. Alguns líderes se sentem tão desconfortáveis com esse fato que não querem expandir além do círculo das pessoas que conhecem e chamam de amigos ou colegas. A partir desse ponto, os líderes precisam praticamente avaliar tudo o que fazem para ter certeza de que alguém (além deles) atenda às necessidades das pessoas fora de seu círculo. Cada elemento do sistema — os protocolos, a estrutura e as pessoas nas reuniões, os procedimentos de operação padrão, os relatórios e a equipe de liderança — necessita ser examinado e ajustado.

Com a expansão, surge inevitavelmente oposição ou resistência. Nas empresas, os fornecedores e os clientes que recebiam a atenção do proprietário se perguntam por que o contato com eles passou a ser feito por outra pessoa. À medida que a comunidade cresce, as pessoas que se sentiam próximas do líder espiritual descobrem que não fazem mais parte do *círculo* e reclamam:

"Ele sempre comparecia ao nosso churrasco do feriado de Independência dos EUA, mas agora não vem mais", "Ele realizava todas as cerimônias de casamento, mas agora só realiza algumas", "Eu tinha o número do telefone dele e podia ligar a qualquer hora, mas ele mudou o número e não me comunicou". As pessoas desejam ter o mesmo nível de familiaridade que desfrutavam no passado e se decepcionam porque isso não existe mais. Alguns poucos clientes e congregados vão embora, o que faz parte do preço da expansão.

É muito difícil para alguns empresários e líderes espirituais ver sua organização expandir além do ponto em que estão envolvidos em cada decisão e cada necessidade. O desafio deles é mudar da função original de líder espiritual para a diferente função de executivo. Quando os sistemas mudam, eles precisam mudar também. Aqui não há certo nem errado: é perfeitamente aceitável que os líderes escolham manter sua organização dentro de um tamanho que possam administrar sem uma mudança significativa. Hoje, os líderes famosos que são convidados a falar em eventos são os líderes de megacomunidades e empreendedores que construíram grandes empresas — e todos são comparados com eles publicamente ou às ocultas. Por esse motivo, muitos líderes sentem enorme pressão para abandonar o dom que Deus lhes concedeu de liderar espiritualmente para competir com líderes famosos que, na verdade, não pertencem ao ramo.

É muito difícil para alguns empresários e líderes espirituais ver sua organização expandir além do ponto em que estão envolvidos em cada decisão e cada necessidade.

Os líderes — os espirituais principalmente, mas os pais também — vivem na tensão entre familiaridade e distância: não podem aproximar-se demais porque perdem a autoridade, mas não podem distanciar-se demais porque perderão a conexão íntima com as pessoas.

TRÊS OPÇÕES

Não sei dizer quantas vezes um líder me contou uma história sobre problema de relacionamento, no trabalho ou em casa, e terminou pedindo: "Preciso de ajuda, Sam. O que posso fazer em relação a isto?".

Trata-se de uma pergunta importante; uma pergunta que todos nós fazemos instintivamente quando enfrentamos momentos difíceis nos relacionamentos. Creio que temos três opções:

1. *Aceitar a tensão*

Como vimos até agora neste livro, a tensão não é o inimigo... pelo menos não precisamos vê-la dessa maneira. Alguns de nós criamos caos para controlar as pessoas, e outros evitam o conflito a qualquer custo porque o conflito os faz se sentir desconfortáveis. Uma opção (que muitas pessoas não levam em conta) é conviver com a tensão, aceitá-la como realidade inevitável. Se esperarmos que a vida seja simples e que cada elemento esteja sempre no lugar certo, ficaremos profundamente angustiados quando nos casarmos e tivermos filhos! Um nível razoável de tensão faz parte da vida, e devemos ser sábios para aceitá-la.

2. *Resolver a tensão*

Quando o conflito, o estresse ou o caos *ultrapassa a linha vermelha*, é hora de entrar em ação e pelo menos reduzir a tensão a um nível aceitável. Nessas ocasiões, cabe a nós fazer o possível para cativar a pessoa, compartilhar nossas preocupações, ser bons ouvintes, ouvir ainda mais e procurar meios para seguir em frente.

No entanto, preciso ser claro: resolver a tensão não é tarefa para uma só pessoa. As *duas* pessoas — ou *todas* as pessoas envolvidas, se houver mais de duas — necessitam estar dispostas a assumir um compromisso, comunicar-se, ouvir e prosseguir. Se a outra pessoa recusar, o problema é dela, não seu. Evidentemente, nem toda tensão é interpessoal. Podemos passar por problemas de saúde, finanças, lucidez mental e muitas outras possíveis fontes de tensão. Algumas não podem ser resolvidas, mas talvez sejamos capazes de limitar o estrago com compaixão e soluções criativas.

3. *Usar a tensão*

As melhores lições são aprendidas nas situações mais complicadas. Esses momentos fazem a adrenalina ser lançada na corrente sanguínea, a mente torna-se mais aguçada, e a determinação aumenta. Podemos usar essas ocasiões repletas de estresse como *oportunidades de aprendizado* para nós e para as pessoas que nos observam, mas perderemos esses momentos se permanecermos imobilizados pela raiva ou pelo medo. Para usar a tensão, temos de retroceder, respirar profundamente e fazer uma análise cuidadosa. Só assim, veremos as oportunidades de ouro que se escondem por trás das dificuldades.

Os relacionamentos são a cola que mantém as famílias e as organizações unidas e também o fundamento da estabilidade para que as pessoas sejam encaminhadas a um futuro melhor. Enfrentamos tensões inevitáveis, mesmo em nossos relacionamentos mais fortes. Devemos ser sábios para reconhecê-las e usá-las para estabelecer conexões mais fortes ainda.

PENSE

1. Você já fez parte de uma equipe ou família em que uma pessoa chamava a atenção de todos para si sendo negativa e crítica? Como essa pessoa afetou os outros, principalmente você?

2. A quem você está dedicando a própria vida para que essa pessoa venha a ser um agente influenciador? O que você espera que aconteça com tal pessoa?

3. Você conhece um líder ou pai, ou mãe, que se comunica com pessoas que precisam de desafios e com outras que necessitam de um ritmo menor de pressão? Como você está lidando com essa tensão em seus relacionamentos?

4. De que modo algumas pessoas reagem quando se sentem pessoalmente atacadas quando alguém discorda delas? Que princípio deste capítulo você pode aplicar às discordâncias com as pessoas de sua família ou equipe?

5. Quer você seja líder em uma comunidade eclesiástica ou nos negócios, quer seja pai ou mãe, como descreveria o efeito de seus sistemas (comunicação, processo de tomada de decisão, relatórios etc.) nas pessoas que lidera? O que precisa ser mudado, se é que existe essa necessidade?

6. É certo que qualquer um de nós pode familiarizar-se com as pessoas ao nosso redor ou distanciar-se delas. Como podemos saber se exageramos de um lado ou do outro?

APLIQUE

- Ao ler este capítulo, que tensões descritas aqui o fizeram lembrar-se de suas experiências?
- Como você reagiu na ocasião?
- Como deseja reagir da próxima vez?
- Você conhece alguém que esteja enfrentando uma tensão semelhante hoje? Quem?
- Como você pode ajudar essa pessoa a aceitar a tensão, resolver a tensão ou usar a tensão para estimular uma solução inovadora?

3

NÃO HÁ COMO FUGIR DA TENSÃO

A criatividade surge da tensão entre
espontaneidade e limitações.
Rollo May

Anos atrás, quando eu dirigia uma organização, minha equipe executiva consistia em cinco vice-presidentes. Uso a palavra "equipe" com cuidado porque em nossas reuniões ocorriam múltiplos dramas ao mesmo tempo. Dois integrantes da equipe sempre chegavam à reunião demonstrando uma clara tensão entre eles. Os dois tinham uma longa história de ressentimento um com o outro que raramente era disfarçado. Outro integrante da equipe havia contraído uma doença grave que durara mais de um ano. Apesar de dedicar-se ao trabalho da melhor forma possível, ele vivia tão preocupado com sua enfermidade — o que era compreensível — que nunca sabíamos se seus pensamentos estavam focados na reunião. Os outros dois eram líderes *alfa* que tinham sempre a resposta certa, tinham condições de atingir as metas e nunca cometiam erros (pelo menos na opinião deles). Eu valorizava o talento e a tenacidade dos dois, e eles eram muito esforçados, mas sua insistência em querer dominar tudo sempre irritava as pessoas... inclusive a mim.

Parece muito divertido, não?

Para cada item de nossa agenda semanal, eu tinha de prever como cada um reagiria — não apenas à ideia, como também mais ainda entre eles. Havia jogos de poder dentro de jogos de poder. Além do mais, cada um carregava a pressão das expectativas de sua própria equipe. Prometiam-lhes alguns resultados obtidos em nossas reuniões, portanto não eram nem um pouco objetivos nas discussões sobre as complexidades de cada tópico.

Eram apegados demais ao *status quo* e resistiam ferozmente a inovações. Sou conhecido hoje — e era conhecido na época — como empreendedor. Minhas ideias os deixavam perturbados, mesmo quando eu explicava cuidadosamente os conceitos, os benefícios e o processo de implementação.

Havia, porém, outro fator que complicava nossas reuniões e fazia o nível de tensão chegar às alturas: alianças. Nas discussões dos assuntos mais importantes, os cinco homens formavam alianças para promover suas ideias e bombardeavam os que tinham propostas diferentes — e as alianças mudavam dependendo do tópico. Alguns aparentavam ser muito tradicionais na questão de liderança. Seguiam rigidamente os protocolos industriais aprovados para tomar decisões e pô-las em prática, mas outros impacientavam-se com o processo longo e maçante. As alianças eram formadas em torno de um princípio, um conceito, um programa ou uma pessoa promissora ou que podia ser um problema para a organização. Logo percebi que, para aqueles cinco vice-presidentes, cada reunião se transformava em três reuniões: a reunião antes da reunião em que eles formavam alianças, a reunião em si na qual os parceiros apoiavam e defendiam uns aos outros e a reunião após a reunião com seus aliados para planejar os passos seguintes. A reunião mais importante de todas era, de longe, a reunião antes da reunião, quando eles elaboravam um plano de batalha. Não demorei muito para elaborar uma planilha mental a fim de manter controle de como eu esperava que cada um reagisse a cada tópico em cada reunião de diretoria. Parecia necessário, mas era exaustivo.

Não sou o único que aprendeu a prever a reação de cada pessoa a cada assunto. Nossas reuniões passaram a ser um jogo de xadrez em um tabuleiro com seis jogadores, mas quase sempre com pares jogando juntos contra todos os outros.

Aprendi que quase sempre era contraproducente pôr as questões em votação. Em vez disso, eu procurava saber qual era o *clima da sala*. Passava muito tempo dando orientações a cada um sobre como eu esperava que comunicassem as decisões. Sabia que diriam as palavras certas, mas em um tom que dava a entender que eram contra.

> Em qualquer organização, preste atenção à "reunião antes da reunião", quando as alianças são formadas e os planos de batalha são elaborados.

Como líder, eu sentia muita pressão para levar a organização adiante. Tinha planos e sonhos, e aqueles cinco homens eram a minha equipe. Por um longo tempo — longo demais — tentei manter feliz e produtivo cada membro da equipe, deixando de lado o *elefante na sala*. Sabia que se dissesse: "Ei, vamos falar sobre o que está passando aqui", haveria reações furiosas, autodefesas e autojustificação. Em outras palavras, a situação pioraria.

Ao fazer uma retrospectiva daquele período, lembro que, por uns tempos, eu me perguntei se a tensão era resultado da ineficiência de minha liderança. Talvez eu não soubesse dirigir reuniões como aquelas ou talvez a situação fosse categoricamente diferente de qualquer outra nas mesmas condições. Talvez nossas políticas fossem antiquadas e o estresse interpessoal fosse resultado de nossas políticas administrativas ultrapassadas. No entanto, em um ponto crucial, entendi que estava gastando muito tempo tentando controlar os planos competitivos dos cinco vice-presidentes, e minha preocupação com suas prováveis reações desgastava meus pensamentos muito mais que as próprias reuniões.

Finalmente, tive o discernimento e a coragem de tocar no problema. Em uma reunião específica — semelhante às outras, exceto em relação a que eu estava determinado a falar a verdade —, reconheci o apelo entusiasmado de um deles por suas ideias, a autoproteção do outro e as alianças óbvias que já haviam sido formadas antes daquela conversa e disse: "Vamos parar exatamente aqui. O que está havendo nesta reunião?".

Houve um silêncio muito constrangedor.

UM ÂNGULO MELHOR

Muitas pessoas veem a tensão como uma ameaça. Sentem o nível de adrenalina subir, suas emoções tornam-se mais intensas, e o pensamento costuma ficar anuviado no exato momento em que necessitam de maior clareza. Não tem de ser assim. Precisamos ver a tensão de um ângulo diferente para que ela trabalhe em nosso favor, não contra nós.

Se acreditarmos que uma vida ótima seria completamente livre de tensão, ficaremos confusos, decepcionados e ressentidos com as pessoas e com os eventos que perturbam nossa paz perfeita. Como líderes e pais, nosso objetivo não é aliviar toda a tensão, mas usá-la de modo construtivo.

Podemos definir tensão de várias maneiras. Alguns a definem de modo negativo:

- Tensão é o resultado inevitável quando as pessoas se sentem inseguras, sem poder, culpadas ou ignoradas.[1]
- Quando as coisas parecem apertadas demais, podem rachar.[2]

Mas pode ser vista também como neutra ou positiva.

- Tensão é o equilíbrio entre pontos de vista igualmente válidos; conflito é o resultado da perda desse equilíbrio.[3]
- "Tensão criativa" é a sensação ou o processo pelo qual todos nós temos de passar para ir de A a B e alcançar nossas metas criativas.[4]

Com o tempo, passei a ficar menos confuso quando deparava com a tensão e desenvolvi a habilidade de usá-la de modo positivo, saudável e produtivo em vez de permitir que ela corroesse minha confiança, enfraquecesse minha energia e reduzisse a eficiência da equipe. Hoje, quando sinto tensão, torno-me mais reflexivo e ouço mais do que defendo minhas posições. Ouço com atenção o que é dito, bem como o que não está sendo dito. Observo a linguagem corporal para ver se as palavras da pessoa são confirmadas ou se entram em conflito com ela. Minhas traves de gol mudaram: em vez de controlar e reduzir a tensão, passei a entendê-la e usá-la. Dessa perspectiva, a tensão

1 Adaptado de Stress in Relationships: Their Sources and Antidotes, Heitler, Susan, ph.D., **Psychology Today**, May 30, 2013. Disponível: <www.psychologytoday.com/us/blog/resolution-not-conflict/201305/stress-in-relationships-10-sources-and-their-antidotes>.

2 Vocabulary.com.

3 Briscoe, Stuart. The Price of Progress. **Christianity Today**, Pastors, 1993. Disponível em: <www.christianitytoday.com/pastors/leadership-books/measuringup/mmpp01-8.html>.

4 McGuire, Lucy. What is creative tension and how could it help you? Virgin.com, May 15, 2018. Disponível em: <www.virgin.com/entrepreneur/what-creative-tension-and-how-could-it-help-you>.

deixou de ser a inimiga; é um caminho para um *insight* maior, relacionamentos mais fortes e melhores resultados.

Na organização com cinco vice-presidentes, meu novo modo de ver a tensão deu à equipe um conjunto diferente de regras. De uma forma, tornou-se mais seguro expressar as discordâncias verbalmente porque era perfeitamente aceitável haver pontos de vista diferentes, mas rebati quando os vi formando alianças, impondo condições e exibindo comportamentos de autoproteção. Deixamos de lado o tabuleiro de xadrez e passamos a ser mais sinceros a respeito da agenda real que cada um ocultava.

Quando você entende e usa a tensão, ela se torna um caminho para um *insight* maior, relacionamentos mais fortes e melhores resultados.

Percebi que a tensão é normal, neutra e natural. Não tenho de temê-la, não necessito supor que sou falho quando deparo com ela e não tenho de fazer dela meu objetivo principal para aliviá-la. Se meu objetivo é eliminar a tensão, concentro-me em apaziguar as pessoas em vez de liderá-las. Com essa perspectiva, tenho uma ampla variedade de opções. É muito comum eu *usar* a tensão para estimular a criatividade, mas posso também escolher *confrontar* a tensão se ela persistir entre as pessoas ou, então, *ignorar* a tensão se eu sentir que alguém está simplesmente enfrentando um dia ruim.

Anos atrás, minha esposa, Brenda, e eu viajamos até o pico do Space Needle,[5] em Seattle, Washington, para comemorar nosso primeiro aniversário de casamento e saborear um belo jantar no restaurante giratório. Passamos um tempo agradável contemplando a cidade, o monte Rainier e Puget Sound.[6] Ventava muito naquele dia... pelo menos essa era a sensação a uma altitude de 180 metros. Era possível sentir o restaurante balançar com a força

[5] Torre de observação construída em 1962, com restaurante giratório. [N. do T.]

[6] Enseada do oceano Pacífico. [N. do T.]

do vento, e ficamos muito nervosos. Quando o garçom passou por nós, perguntei:

— Com licença. Estamos sentindo o vento balançar o Space Needle. É... é normal? — Na verdade, minha pergunta era: "Você não está tão apavorado quanto nós?".

O garçom sorriu.

— Sim, é absolutamente normal — garantiu-nos. — Os engenheiros a construíram para balançar, caso contrário ela desmoronaria.

Aquelas palavras foram "um tanto" reconfortantes... Mas ele estava certo. Os engenheiros de estruturas constroem pontos de tensão entre pontes e outros edifícios para enfrentar ventos, variações de temperaturas e movimentos de acomodação da terra, principalmente terremotos.

Para nós também o fato de reconhecermos e usarmos nossos pontos de tensão pode trazer estabilidade e força. Além disso, pode impedir que desmoronemos!

SEM EXCEÇÕES

Quem necessita encarar a tensão de modo mais positivo? *Todos nós*. Quando necessitamos? O tempo todo, em cada relacionamento. Os casais podem usar a tensão inevitável dos objetivos conflitantes para aproximá-los mais um do outro em vez de criar uma barreira entre eles. Os pais podem usar as discordâncias com os filhos para promover entendimento em vez de mágoas e isolamento. Os membros da equipe podem aprender a dominar a tensão entre eles para produzir ideias melhores e intensificar a harmonia. Os líderes podem criar tensões saudáveis que extraem o que há de melhor em cada pessoa em vez de permitir que a suspeita e a desconfiança criem um ambiente tóxico.

Quando uma família, uma equipe de executivos, um departamento ou um grupo de estudo bíblico usa a tensão para estimular conversas e avanços importantes, coisas extraordinárias podem acontecer. Basta, porém, uma única pessoa nesses ambientes para sabotar. O perigo é que alguém reagirá para tentar reduzir a tensão porque o ambiente parece muito instável; esconder os problemas emocionais ou físicos para evitar sentimentos desagradáveis; ou dominar os outros para eliminar a sensação de estar fora do controle. Evidentemente, se as pessoas da família, da equipe ou grupo tiverem desenvolvido a habilidade de usar a tensão de modo criativo, não morderão a isca das alianças. Enfrentarão a situação com coragem e carinho, para que o criador de problemas tenha a chance de aprender e crescer.

Quando uma família, uma equipe de executivos, um departamento ou um grupo de estudo bíblico usa a tensão para estimular conversas e avanços importantes, coisas extraordinárias podem acontecer.

É comum cometermos um dos dois erros ao lidar com pessoas que reagem à tensão tentando contentar alguém, esconder ou dominar: falamos pouco ou falamos demais. Falamos pouco quando falamos sobre qualquer coisa, menos sobre a tensão negativa na sala. Dizemos que queremos ser *inofensivos como as pombas* e *não causar problemas*, mas nossa falta de franqueza deixa as pessoas preocupadas, imaginando que não vemos o que elas veem ou, se sabem que vemos, somos covardes demais para tomar uma atitude. No entanto, alguns de nós estamos no outro extremo do *continuum*: falamos demais. Descobri que, se alguém está reagindo de maneira incomum em uma reunião, eu não tenho de interferir para confrontá-lo. Provavelmente ele necessita mais de carinho que de correção. Quando procuro falar e agir na tentativa de transmitir compreensão e apoio, na maioria das vezes, a pessoa se desculpa e volta a ser um membro produtivo da equipe.

RELACIONAMENTOS IMPORTANTES

Vamos examinar rapidamente como a tensão surge em nossos relacionamentos mais importantes.

Casais

Normalmente, os casais sentem tensão em torno de algumas questões muito comuns, o que inclui a forma de lidar com o dinheiro, o relacionamento com sogros e cunhados e a educação dos filhos. Em muitos casos, os pontos de vista são diferentes (e até opostos), podem transformar-se em campos de batalha ou em academias onde o relacionamento se torna mais forte.

Famílias

As famílias sentem tensão de muitas maneiras: preferências por comida, esportes, tempo, atenção, modo e frequência de comunicação, jogos, férias e desempenho na escola. Até as decisões aparentemente simples sobre onde passar as férias provocam desejo de competição no que se refere a conforto, amenidades e custo. As fases da vida em família criam tensões diferentes. Os psicólogos identificaram várias fases no ciclo da vida familiar, mas, para nossos propósitos, focaremos três:

- A fase do *começo* de uma família é o namoro e o casamento, incluindo o tempo antes do nascimento do primeiro filho. Nessa fase, o casal tem de aprender a contornar as diferenças sobre como passar o tempo e gastar o dinheiro, bem como saber lidar com as preferências um do outro dentro de uma grande variedade de escolhas.
- A fase da *expansão* refere-se aos anos entre o nascimento dos filhos e a época em que saem de casa para estudar

ou casar. Esses anos são repletos de sonhos e esperanças, pressões de tempo e adaptações às expectativas. Cada novo nascimento não acrescenta apenas um conjunto de tensões; multiplica as tensões na estrutura da família.

- A fase da *contração* é a da comemoração e da preocupação. Os pais precisam se redefinir e redefinir seu relacionamento depois que os filhos saem de casa; os filhos adultos talvez necessitem de mais ajuda; os erros financeiros cometidos no início do casamento podem produzir preocupações quando o tempo da aposentadoria se aproxima; os problemas de saúde se multiplicam; e o fato de cuidar dos pais idosos pode aumentar as tensões do casal. No entanto, o casal de idosos pode sentir uma satisfação incomensurável ao ver os filhos e netos progredirem.

Muitas famílias convivem com a dura realidade do divórcio. A palavra é carregada de significado porque implica a ruptura radical do relacionamento mais precioso. Os efeitos negativos vão além da família nuclear e têm efeito cascata nos amigos, que acham que precisam tomar partido, e nos pais ou irmãos do casal, que podem culpar um e desculpar o outro (e nem sempre é o que esperamos). Os filhos, seja qual for a idade deles, sentem o impacto do caos e precisam de condições para processar seus fortes sentimentos.

Um importante estudo sobre pontos de tensão na família e na carreira profissional estabeleceu uma pontuação para as causas da tensão com base no impacto causado na vida dos participantes do estudo. O principal motivo foi a morte de um cônjuge que atingiu 100 pontos. Os outros *suspeitos comuns* foram: divórcio, com 73 pontos; prisão, com 63; e demissão do trabalho, com 47. No entanto, outros eventos da vida considerados muito positivos também criaram níveis significativos de tensão: o casamento atingiu 50 pontos; a aposentadoria, 45; o nascimento de um filho, 39; e a importante conquista profissional, 28. Os autores do estudo concluíram:

> É extraordinário notar que há uma pequena divergência desses valores tendo em vista a idade, o sexo, o estado civil, a educação, a classe social, a raça e o credo. Além do mais, houve uma concordância considerável entre pessoas de diferentes culturas. Aparentemente, os suecos, dinamarqueses, japoneses e norte-americanos consideram o impacto das mudanças de vida de formas semelhantes.[7]

Em outras palavras, as origens da tensão atingem todos nós praticamente da mesma maneira e com a mesma força, e até os eventos mais positivos criam tensão substancial.

A pesquisa relatada pelo Instituto Americano de Estresse é alarmante. Por exemplo, 77% das pessoas "sentem periodicamente sintomas físicos causados por estresse", 73% "sentem periodicamente sintomas psicológicos" como depressão e ansiedade, 76% "mencionaram dinheiro e trabalho como causa principal de seu estresse" e 48% "relataram falta de sono à noite em razão de estresse".[8] (O instituto oferece uma avaliação de estresse disponível em: <www.stress.org/self-assessment>.)

As origens da tensão atingem todos nós praticamente da mesma maneira e com a mesma força, e até os eventos mais positivos criam tensão substancial.

Embora seja necessário aceitar o fato de que a tensão faz parte da vida, o remédio não é a passividade. Principalmente em nossos

7 KAPLAN, Robert M.; SACCUZZO, Dennis P. **Psychological Testing**. Belmont, CA: Brooks/Cole Publishing Company, 1989. p. 445-447.

8 What Is Stress? **The American Institute of Stress**. Disponível em: <www.stress.org/daily-life>.

relacionamentos mais importantes, precisamos tomar atitudes positivas e sábias para resolver a tensão: conversar, ouvir, ouvir mais ainda, perdoar e encontrar uma forma de seguir em frente. No entanto, quando a corrente da tensão é resolvida, enfrentamos o cenário seguinte quando perguntamos intuitivamente: "O que vem a seguir no relacionamento?".

Trabalho ou comunidade eclesiástica

Seja no trabalho, seja na comunidade eclesiástica, como funcionário ou voluntário, temos experiências de vida e objetivos diferentes e, em geral, interesses ocultos — ocultos até de nós mesmos. Se não formos cuidadosos, poderemos adquirir o hábito de querer agradar, esconder ou dominar, formando alianças ou tentando manipular os outros para conseguir o que desejamos. Se a tensão for encarada de modo mais positivo, nossa pressão arterial diminuirá e seremos menos reativos e mais otimistas, mais flexíveis com as pessoas que discordam de nós, mais compreensivos a respeito de seus pontos de vista. Em vez de reagir com enfrentamento, autoproteção e autopromoção, mantemos a calma, fazemos perguntas oportunas e ouvimos com mais atenção. Tornamo-nos mais acessíveis e alegramo-nos com o sucesso dos outros. Passamos a exibir a *marca registrada da organização* quando transformamos os desafios em oportunidades, procuramos ver o lado bom de cada situação e agimos em vez de perder tempo culpando os outros.

PENSE

1) Em que tipo de situações e relacionamentos você sentiu um nível de tensão significativo? Como reagiu em cada um?

2) Como você define tensão?

3) Que efeito negativo podemos esperar de uma vida sem tensão? Você conhece alguém que tenha essa expectativa? Quais foram os resultados?

4) Que tensões você sentiu após alguns eventos positivos? Você esperava um estresse tão intenso ocasionado por uma tensão não resolvida? Como lidou com a situação?

5) Que diferença faria para você se considerasse a *tensão criativa* como trunfo, não ameaça?

6) O que você espera depois de ler este livro?

APLIQUE

- Ao ler este capítulo, que tensões aqui descritas o fizeram lembrar-se de suas experiências?
- Como você reagiu na ocasião?
- Como deseja reagir da próxima vez?
- Você conhece alguém que esteja enfrentando uma tensão semelhante hoje? Quem?
- Como você pode ajudar essa pessoa a aceitar a tensão, resolver a tensão ou usar a tensão para estimular uma solução inovadora?

4

A ESCOLHA É SUA

Você não deve apenas aprender a conviver
com a tensão; deve buscá-la.
Deve aprender a se desenvolver sob estresse.
J. Paul Getty

Cresci em Lucknow, uma cidade no norte da Índia. Meus pais tinham grandes sonhos para mim. Meu pai era um líder espiritual respeitado e queria proporcionar-me uma educação refinada, como se fosse uma alavanca para o resto de minha vida. Gastou mais de um quarto de sua renda para enviar-me à St. Francis High School, um famoso colégio católico paroquial.

Fui reprovado no décimo ano.[1] Na verdade, naquele ano fui reprovado em todas as matérias. Sempre que um amigo me convidava para "matar aula" e me divertir um pouco, eu aceitava prontamente. Aprontava-me todas as manhãs e saía de casa com meus livros, embora, na maioria das vezes, nem entrasse no colégio. Garantia aos meus pais que estava indo bem nos estudos.

[1] Equivalente ao primeiro ano do ensino médio no Brasil. [N. do T.]

No fim de cada período letivo, recebia um boletim para mostrar aos meus pais. Milagrosamente, a nota 4 transformava-se em 10 antes de meus pais verem o boletim. Eles imaginavam que eu era um aluno brilhante e ficavam felizes.

Um dia, a casa caiu. Meu último boletim do ano estampou uma fileira de notas baixas em cada matéria, portanto eu teria de repetir o ano. Como não podia mentir daquela vez, levei o boletim para casa e entreguei-o a meus pais. Eles esperavam ver a evidência espetacular de meu excelente desempenho escolar, mas, quando viram o boletim, o sorriso deles transformou-se em susto. Demoraram um pouco para assimilar, mas logo perceberam a amarga verdade — e ficaram mortificados. Na Índia, há uma cultura de vergonha e honra, portanto as ações de cada pessoa da família refletem em todos os outros. E as más notícias espalham-se rapidamente: logo em seguida, todos os nossos vizinhos sabiam que eu fora reprovado na escola e teria de repetir o décimo ano. Causei grande vergonha à família inteira, principalmente a meu pai. Na Índia, o sucesso ou fracasso de uma pessoa tem influência na reputação de toda a família — e é uma afronta que atravessa gerações. No fim daquele ano, as pessoas passaram a olhar de modo diferente e sombrio para meu pai e para a comunidade que ele liderava. Além da vergonha, meu pai tinha se sacrificado para pagar meus estudos, e todo aquele dinheiro tinha sido desperdiçado.

Meus pais não quiseram que eu repetisse o décimo ano no St. Francis. Todos no colégio sabiam da reprovação e comentariam o assunto; todos na comunidade sabiam e já estavam comentando. Alguns meses depois, matriculei-me em outro colégio, mas, naquele ano, minha palavra de que me sairia bem em todas as matérias foi recebida com compreensível ceticismo e uma enxurrada de perguntas doloridas sobre meus hábitos de estudo, assiduidade e notas.

Será que sei alguma coisa sobre tensão? Sim, tenho um pouco de experiência com ela. Naquela altura de minha vida, a situação parecia muito triste. Eu havia causado desonra à minha família, e isso era a pior coisa que um rapaz poderia fazer. Se, naquela época, alguém me dissesse: "Sam, um dia você será reitor de uma universidade nos Estados Unidos", eu teria duvidado de sua sanidade mental ou teria perguntado: "Que droga você andou usando?". Para mim, um destino bem-sucedido era simplesmente inconcebível. A tensão que eu criara para mim parecia sufocante e inalterável.

> Depois de um ano "matando aulas" e causando desonra à minha família, a tensão que eu criara para mim parecia sufocante e inalterável.

ORIGENS E COMPLEXIDADES

A esta altura, alguns leitores deste livro estão pensando: *Cara, ele está lendo meus pensamentos! Preciso desses conceitos sobre tensão em minha vida.* Outros, porém, estão tendo uma reação diferente e pensam: *Sam, você não entende. Falou sobre "tensão criativa", mas a tensão em minha vida está me matando! Não é nem um pouco criativa!*

Já identificamos uma ampla variedade das origens da tensão: relacionamentos em casa, pressões no trabalho, problemas de saúde, questões financeiras, o turbilhão de criar filhos adolescentes e até o estresse causado por eventos positivos como nascimentos, formaturas e casamentos. O problema é que as tensões podem multiplicar-se e, com o tempo, tornar-se esmagadoras. A pressão com a qual deparamos talvez não tenha origem nas questões normais de sermos pessoas imperfeitas que vivem em um mundo

> Se nossa esperança estiver em ver Deus usar a tensão para produzir algo bom, algo nobre e algo de valor duradouro, podemos ter a certeza de que ele fará isso.

pecaminoso, mas em nossas escolhas erradas, nas escolhas tolas de outras pessoas perto de nós e principalmente nas expectativas irreais de que *a vida não devia ser tão difícil assim* ou que *Deus me protegerá dos problemas* — e, quando ele não nos protege, a decepção nos deixa arrasados.

Se nossa maior esperança estiver completamente livre de tensão, nossa expectativa mal colocada multiplicará nossas dificuldades e nos deixará profundamente desanimados. No entanto, se nossa esperança estiver em ver Deus usar a tensão para produzir algo bom, algo nobre e algo de valor duradouro, podemos ter a certeza de que ele fará isso... à sua maneira... e em seu tempo.

NOSSAS ESCOLHAS DETERMINAM O DESFECHO

Em cada momento de cada dia, podemos escolher como reagir à tensão. Nossas escolhas determinam se ela vai nos destruir ou nos fortalecer.

A tensão destrói quando...

... ficamos zangados e frustrados porque não conseguimos entender tudo.

Imaginamos que podemos nos livrar da tensão e usamos nossa inteligência e perspicácia para tentar permanecer no controle da situação. É claro que não há nada de errado em pensar e ponderar, mas algumas pessoas acreditam que podem pensar com firmeza e por tempo suficiente para aliviar toda a tensão que sentem.

... pressionamos os outros a agirem como se não houvesse nenhuma tensão.

O líder da equipe pede ao grupo que saia sorrindo da sala, embora tenham acabado de enfrentar uma desavença arrasadora e prolongada. O casal entra na festa de mãos dadas e sorrindo, porém mal conversaram um com o outro na semana anterior.

... temos "complexo de super-homem" e imaginamos que podemos consertar todas as pessoas e todas as situações.

Muitas pessoas são *compulsivas solucionadoras de problemas* que se autovalorizam na tentativa de corrigir cada erro e forçar as pessoas a agirem corretamente. Costumamos aplaudir essas pessoas porque são *tão úteis*, mas elas podem roubar a dignidade dos outros e evitar que aprendam a ser responsáveis.

... usamos táticas de intimidação para conseguir o que queremos.

Algumas pessoas tentam controlar a tensão querendo *aparecer maiores do que são* — falando alto, olhando com ar ameaçador e exigindo obediência de todos os que conhecem. As pessoas que são alvos dessas exigências se *apequenam*, mostrando covardia e cedendo para evitar mais ataques.

... fugimos para evitar tensão.

Para evitar pensar e sentir, muitas pessoas passam horas vendo televisão, lendo ou fazendo qualquer coisa para ocupar a mente.

... evitamos emitir opiniões porque temos medo de alguém dizer que estamos errados.

Algumas pessoas se sentem arrasadas pela tensão opressiva que sofrem na vida e evitam emitir opiniões sobre qualquer assunto. Se opinassem, estariam abertas à crítica e não suportam receber críticas.

... ficamos amuados para chamar atenção e ser motivo de piedade.

Algumas pessoas se fazem de vítimas, na esperança de que os outros as poupem e não lhes peçam que façam nada difícil, como realizar o trabalho pelo qual são responsáveis.

... fazemos uso da automedicação para anestesiar a dor.

Há pessoas que usam álcool, drogas, jogos, comida ou qualquer outra substância ou comportamento para mascarar a tensão que não querem enfrentar.

... as pessoas têm medo de falar a verdade a você porque você é frágil demais ou intimidador demais.

A tensão não tratada com sabedoria e verdade pode destruir a confiança rapidamente por meio de uma explosão de raiva ou causar uma lenta erosão na confiança por meio de isolamento e crítica. Os resultados de falta de confiança são os extremos da fragilidade ou da valentia. De uma forma ou de outra, a mensagem transmitida é: "Não fale comigo sobre assuntos importantes. Ou vou ficar arrasado, ou usar a questão contra você".

... nos sentimos de mãos atadas porque não vemos outras escolhas.

Talvez a maneira mais comum de a tensão destruir seja quando a pessoa não acredita que tem opções de como lidar com ela. Sente-se prisioneira em casa e no trabalho.

A tensão fortalece quando...

... é vista como oportunidade,
não como ameaça.

Em vez de considerá-la imediatamente como uma catástrofe, pensando: *O mundo chegou ao fim!*, é possível parar um pouco e perguntar: "Que efeitos positivos podem resultar disto?". Não os encontraremos se não os procurarmos.

... nos tornamos mais conscientes dos sentimentos
dos outros e do que ocorre ao nosso redor.

Quando a tensão não é uma ameaça, vemos além do que está diante de nós. O alcance da visão aumenta; tornamo-nos mais atentos, observando palavras, tom de voz e gestos. Vemos como as pessoas reagem entre si. Nosso objetivo não é passar por cima da tensão o mais rápido possível, mas usá-la para o bem na vida de cada pessoa.

... aprendemos a fazer adaptações no momento.

Com o tempo e com a prática, estaremos presentes de modo mais completo em cada situação e conversa e reagiremos no momento em vez de pensar no assunto durante horas ou dias depois que o embate crucial terminou.

... nos tornamos mais sábios,
mais pacientes e mais bondosos.

Quando nossa reação diante da ameaça de um momento tenso é a de lutar, fugir ou ficar imóvel, nosso foco é nos proteger ou dominar os outros. Quando nosso modo de ver as coisas melhora, aprendemos a enxergar a verdade por baixo da superfície, somos pacientes em vez de insistentes porque sabemos o que significa ser reacionário, e temos compaixão daqueles que estão sob o peso de múltiplas tensões.

... damos um voto de confiança aos outros.

À medida que nossa confiança aumenta, não insistimos mais em estar certos o tempo todo. Valorizamos as opiniões contrárias e não nos surpreendemos quando as pessoas as verbalizam de modo entusiasmado demais ou hesitante demais.

... ouvimos atentamente as pessoas que discordam de nós ou fazem oposição a nós.

Quando estamos estressados, queremos sentir alívio do estresse — imediatamente! Nessas circunstâncias, queremos que as pessoas nos ouçam e não temos interesse em ouvi-las. No entanto, quando aprendemos a usar a tensão para o bem, ouvimos os outros atentamente para entender seus conceitos, sentimentos e objetivos.

... a química de nosso cérebro reforça uma série de reações positivas.

Nosso cérebro está conectado com circuitos de *feedback*. Significa que as tendências negativas se repetem, mas as substâncias químicas do cérebro também reforçam comportamentos positivos. Um estudo das Forças Especiais militares mostrou que para muitos homens e mulheres, em situações tensas como combate, as substâncias químicas do cérebro forçam a mente deles a trabalhar mais lentamente para que pensem com mais clareza e ajam com maior precisão. Um autor resume as descobertas: "Em outras palavras, quando as coisas ficam difíceis, você pode imitar a atividade cerebral das pessoas mais corajosas, adotando a mentalidade delas: veja o lado bom e tome uma atitude decisiva".[2] Provavelmente, poucos de nós estamos na categoria dos Navy SEALs, mas a questão é que nosso cérebro está conectado para reforçar nossas escolhas.

... nos tornamos humildes e menos invejosos.

Humildade, conforme dizem, não é pensar que você é menos, mas pensar menos em você. Quando nos sentimos ameaçados pela tensão, tornamo-nos exageradamente introvertidos, mas, quando nos tornamos mais sábios e mais fortes em nossa reação diante de situações que nos pressionam ou de pessoas difíceis, sentimo-nos mais seguros e menos entusiasmados em nos defender. Também não sentimos mais a necessidade de competir, ou de nos pôr em uma posição superior e os outros em posição inferior.

... nos tornamos um ótimo exemplo para as pessoas ao redor.

Uma das motivações mais poderosas para muitos de nós é a percepção de que nossas reações à tensão afetam as pessoas ao redor, principalmente os filhos, mas também o cônjuge, os colegas e os amigos.

> Durante anos, quase todos nós vivemos como se não tivéssemos escolha sobre como reagir diante de situações e pessoas difíceis, mas, na verdade, temos muitas opções.

2 Wise, Jeff. How the Brave Are Different. **Psychology Today**, April 20, 2010. Disponível em: <www.psychologytoday.com/us/blog/extreme-fear/201004/how-the-bravest-are-different>.

TEMOS DIVERSAS OPÇÕES

Durante anos, quase todos nós vivemos como se não tivéssemos escolha sobre como reagir diante de situações e pessoas difíceis, mas, na verdade, temos muitas opções. À medida que relaxamos e a mente se aclara, *fazemos uma leitura da sala* e observamos melhor que antes o que está ocorrendo.

Lembro-me de uma das primeiras vezes em que participei de uma reunião quando alguém expressou emoções que eram alheias ao assunto discutido no momento. *Qual é a causa disto tudo?*, pensei e decidi me intrometer. Interrompi o discurso acalorado da pessoa e perguntei:

— Eu poderia saber o que está acontecendo com você neste momento? Suas emoções parecem fortes demais. Tem algo que não entendi?

Ele se surpreendeu ao ver que eu respondia fazendo-lhe perguntas em vez de me opor a ele. Virou-se para mim e resmungou:

— Vou lhe contar. Você se lembra do que aconteceu na última vez que tentamos esta proposta? A responsabilidade toda caiu em cima de mim porque os outros não fizeram o trabalho que deveriam fazer.

Talvez ele estivesse esperando que todos, e eu também, nos acovardássemos diante de sua acusação, mas eu o provoquei:

— Fale mais sobre o que aconteceu.

Enquanto ele contava em detalhes a história do que aconteceu e quem errou, percebi que os outros na sala se sentiram acusados injustamente. Em vez de deixar que a reunião se dissolvesse em uma mistura de acusações, eu lhe disse:

— Obrigado por nos informar o que você pensa. Aprecio a sua atitude.

Virei-me para o grupo e perguntei:

— E então, o que podemos fazer da próxima vez para ser mais produtivos?

A essa altura, o homem acalmou-se e disse palavras de afirmação a várias pessoas da equipe. Aparentemente, ele estava aborrecido e zangado porque temia ser considerado culpado outra vez por um resultado mediano, mas, quando foi ouvido e compreendido, o medo desapareceu. No fim da reunião, todos concordaram com o plano, cada um recebeu uma responsabilidade específica e nosso cronograma foi definido.

O uso da tensão óbvia como ponto de partida para uma conversa franca proporcionou um lugar seguro para que todos se acalmassem, valorizassem uns aos outros e encontrassem uma forma de seguirmos em frente.

Se eu tivesse tentado não levar em conta a explosão de raiva do homem, provavelmente ele teria ficado mais aborrecido ainda, pensaria o pior a meu respeito e a respeito dos outros da equipe e a confiança teria desaparecido. Se eu tivesse respondido rispidamente e o tivesse posto em seu lugar, os outros poderiam ter se sentido livres da culpa, mas poderiam também imaginar que seriam meus próximos alvos. O uso da tensão óbvia como ponto de partida para uma conversa franca proporcionou um lugar seguro para que todos se acalmassem, valorizassem uns aos outros e encontrassem uma forma de seguirmos em frente.

EVITE OS EXTREMOS

Cometemos um erro terrível quando demonizamos a tensão... e a pessoa cujo rosto a representa. Quando a tensão passa a ser uma ameaça, refugiamo-nos automaticamente na forma de pensar *ou/ou*: ou a pessoa é boa ou é má, não um camarada complexo. Em um relacionamento, ou todos estamos dentro ou todos estamos fora, sem perceber que as conexões humanas são, às vezes, difíceis, porém valiosas; e as situações são maravilhosas ou terríveis, não boas ou não tão boas e necessitam ser melhoradas. Por mais inseguros que nos sintamos, mais procuraremos por respostas simples e claras. O problema, claro, é que muitas das coisas mais valiosas da vida não são tão simples. Certamente, há verdade objetiva, mas a Bíblia diz que necessitamos de sabedoria para discernir não apenas o bom em relação ao mau, mas o bom em relação ao melhor.

As tentativas de eliminar completamente a tensão criam, de fato, mais tensão, para nós e para os que nos rodeiam. Se simplificarmos demais a tensão, não veremos a bela complexidade da vida; além disso, ela marginaliza as pessoas em vez de vê-las de forma multidimensional e infinitamente interessante.

Se insistirmos em ver os outros como todos bons ou todos maus, provavelmente nos veremos da mesma maneira, o que produz arrogância ou vergonha. Passamos por cima de nossos erros ou somos consumidos por eles. De uma forma ou de outra, somos hipersensíveis à crítica — e até a uma pergunta amena sobre nossos motivos ou decisões — o que bloqueia nosso crescimento e nos torna semelhantes a um porco-espinho. As pessoas têm medo de aproximar-se demais de nós para não ser feridas com espinhos!

Quando vivemos nos extremos, estamos sempre vigilantes e não conseguimos relaxar. A tensão constante desgasta aos poucos nossos recursos e distorce nossa perspectiva. Tornamo-nos doentes em termos emocionais, físicos, financeiros e relacionais. Para compensar, tentamos agir como se nada nos incomodasse ou passamos a ser ferozmente competitivos e insistimos que estamos certos a respeito de tudo.

As empresas e as organizações precisam enfrentar a realidade dos objetivos conflitantes. Essas tensões não podem ser completamente resolvidas, portanto os líderes devem decidir quais objetivos sempre exigem mais atenção. Um artigo da revista *Harvard*

Business Review, escrito por Dominic Dodd e Ken Favaro, identifica três pares comuns de objetivos concorrentes nos negócios:

1) Lucratividade *versus* crescimento
2) Curto prazo *versus* longo prazo
3) O todo *versus* partes

Nas comunidades eclesiásticas e nas organizações sem fins lucrativos, as tensões são de alguma forma diferentes: crescimento pessoal dos integrantes *versus* crescimento numérico da organização substitui lucratividade *versus* crescimento, mas os outros dois pares são essencialmente os mesmos. Cada organização tem de investir no futuro e, ao mesmo tempo, focar o desempenho atual, e os líderes têm de coordenar todas as partes da empresa, da comunidade eclesiástica ou da organização sem fins lucrativos ao mesmo tempo que dão atenção à eficiência de cada componente. Dodd e Favaro conduziram um estudo de três anos e concluíram que muitos líderes empresariais não chegam a reconhecer essas tensões e, quando as reconhecem, quase sempre focam o erro em determinada ocasião. Quando a atenção é atraída para um dos pares, não consideram a importância dos outros. No entanto, cada um exige uma abordagem diferente, embora interligada. Os autores explicam:

> Uma vez que essas três tensões interagem [...] é difícil desmembrar a causa do efeito e o problema, do sintoma. Contudo, apesar da proximidade dos relacionamentos entre eles, cada tensão provoca perguntas diferentes e estimula os administradores a ter um foco diferente. A tensão entre lucratividade e crescimento concentra-se no líder a respeito do *modelo de negócios* da empresa: o que ele faz para os clientes e como configura seus custos para sustentar isso. Em outras palavras, estimula

> perguntas sobre estratégia. A tensão entre o curto prazo e o longo prazo exige que os líderes examinem o *modelo de administração* da empresa: como a empresa controla o desempenho e o investimento. Estimula os administradores a pensar nas metas, nos processos e nas rotinas da empresa. A tensão entre o todo *versus* as partes leva os líderes a pensar no *modelo organizacional* da empresa: sua estrutura, cultura e pessoas. Significa que os administradores necessitam pensar cuidadosamente nos problemas da empresa para chegar a um diagnóstico.[3]

Na vida e na liderança, temos de compreender as complexidades que enfrentamos todos os dias. Enfrentamos escolhas competitivas, que raramente são escritas em preto e branco. Geralmente são escritas em tons de cinza. À medida que fazemos escolhas, percebemos que cada *sim* abriga muitos *nãos*. Nos negócios, isso se conhece por *custos de oportunidade* porque uma escolha elimina necessariamente as outras oportunidades. Queremos ir a dois lugares diferentes nas férias... temos dois convites de casamento para o mesmo dia... recebemos duas ofertas de emprego... há dois filmes em cartaz que parecem atraentes. Quando escolhemos um, eliminamos todo o resto.

À medida que fazemos escolhas, percebemos que cada *sim* abriga muitos *nãos*. Nos negócios, isso se conhece por *custos de oportunidade* porque uma escolha elimina necessariamente as outras oportunidades.

Quando estava prestes a lançar o maior empreendimento que o mundo já conheceu, Jesus teve um encontro com seus discípulos mais próximos em um cômodo na parte mais alta de uma casa. A reunião foi carregada de tensão — tensão com os discípulos que discutiam entre si quem seria o maior no reino de Jesus que viria,

[3] Managing the Right Tension, December, 2006. Disponível em: <hbr.org/2006/12/managing-the-right-tension>.

tensões com Judas, tensões com Pedro, e tensões de Jesus consigo mesmo enquanto enfrentava o futuro terrivelmente doloroso de enfrentar a cruz. A reação de Jesus a tudo isso não foi a de correr ou vociferar condenação àqueles que não gostavam do que ele estava prestes a fazer. Ao contrário, Jesus tirou a capa, colocou uma toalha em volta da cintura, pegou uma bacia com água e lavou os pés dos discípulos. No meio da tensão mais profunda e causticante que alguém havia enfrentado ou enfrentaria, Jesus aceitou o momento e assumiu o papel do mais humilde dos servos.

Mais tarde, naquela mesma noite, Jesus sofreu tensão quando Pedro, Tiago e João não conseguiram permanecer acordados enquanto ele derramava o coração orando ao Pai. Jesus estava totalmente no controle quando Judas o traiu com um beijo e Pedro decepou a orelha do servo do sumo sacerdote. Falou com calma e clareza nos falsos julgamentos e diante do governador romano que disse ter poder sobre ele. Além disso, Jesus suportou a maior tensão imaginável quando o Pai retirou-se para que ele carregasse o castigo pelos pecados do mundo. Jesus sabia que aquelas tensões eram temporárias, mas que sua missão era eterna. Recusou-se a afastar-se do propósito do Pai. Certamente ele sabia que enfrentaria estresse e tensão, mas manteve os olhos no objetivo maior que o alívio.

Jesus teve a escolha de viver em tensão e permanecer no plano do Pai ou fugir dela chamando 12 legiões de anjos para exterminar seus inimigos e livrá-lo do sofrimento e da vergonha da cruz. Fico feliz por ele ter permanecido.

Jesus sabia que aquelas tensões eram temporárias, mas que sua missão era eterna. Recusou-se a afastar-se do propósito do Pai.

Nós também temos escolhas. Vamos permitir que a tensão nos destrua ou vamos convidá-la a nos fortalecer. O que escolheremos?

PENSE

1) Quais são algumas consequências em nossos pensamentos, temperamento e relacionamentos quando insistimos em tentar nos livrar de toda a tensão?

2) Reveja as muitas maneiras pelas quais a tensão pode nos destruir. Quais você tem visto em sua vida e na vida de outras pessoas?

3) Reveja as maneiras pelas quais a tensão pode nos fortalecer. Você tem visto pessoas, até mesmo você, crescerem ao enfrentar a tensão com coragem?

4) De que modo o pensamento simplista parece certo, mas produz problemas emocionais, físicos, financeiros e relacionais? Por que, então, parece tão atraente?

5) Por que é importante que os líderes de empresas, comunidades eclesiásticas e outras organizações observem as três tensões organizacionais mais comuns e encontrem meios de lidar com elas?

6) Em que sentido o modo em que Jesus enfrentou a realidade da tensão é um exemplo para você?

APLIQUE

- Ao ler este capítulo, que tensões aqui descritas o fizeram lembrar-se de suas experiências?
- Como você reagiu na ocasião?
- Como deseja reagir da próxima vez?
- Você conhece alguém que esteja enfrentando uma tensão semelhante hoje? Quem?
- Como você pode ajudar essa pessoa a aceitar a tensão, resolver a tensão ou usar a tensão para estimular uma solução inovadora?

5

TENSÕES NA IMPLEMENTAÇÃO

O que um homem realmente precisa não é de uma vida sem tensão, mas do empenho e da luta por um objetivo que valha a pena, uma tarefa de livre escolha. Ele não necessita se livrar da tensão a qualquer custo; precisa do chamado de significado potencial à espera de ser preenchido por ele.

Viktor Frankl[1]

Antes de ocupar a posição de reitor de faculdade, eu era líder espiritual e, como você deve lembrar, consegui contar o número de pessoas sentadas nos bancos naquele primeiro domingo, sem incluir os membros da família, com os dedos das duas mãos... e ainda assim sobrou um. Não podia nem sequer pensar em delegar tarefas porque toda a responsabilidade recaía sobre *meus* ombros. À medida que o grupo crescia, minha solução foi elaborar listas melhores e mais longas, falar mais rápido, dirigir mais rápido e trabalhar mais em cada minuto do dia. Eu era encarregado de liderar, palestrar, visitar, planejar, programar e implementar, do controle de qualidade e dos resultados. Era o único músico da banda.

[1] **Man's Search for Meaning**. Boston, MA: Beacon Press, 1992. [**Em busca de sentido**. São Leopoldo: Sinodal, 2020.]

Quando fui nomeado reitor de faculdade, apliquei imediatamente toda a minha experiência em administração eclesiástica — e tentei fazer tudo sozinho. No entanto, logo percebi que não daria certo. Tinha de encontrar uma forma de confiar nos outros, envolvê-los no processo e transferir grande parte do controle a homens e mulheres talentosos e dedicados.

Na época, a faculdade enfrentava problemas. O número de matriculados estava diminuindo... e caindo cada vez mais. Tínhamos dificuldade de conservar as melhores pessoas em nosso quadro de funcionários, e o futuro parecia ameaçador. A ideia de manter o *status quo* estava nos conduzindo na direção errada. Para a situação mudar, *eu* precisava mudar. Tinha de mergulhar no trabalho e conseguir um progresso monumental — e bem rápido!

Eu entendia que há benefícios em manter controle total, mas as dívidas eram muito maiores. Se tentasse dirigir a faculdade da mesma forma que dirigia a comunidade eclesiástica, seria como um gargalo sufocando os estímulos revigorantes das ideias e dos esforços criativos dos outros. Decidi formar uma equipe de executivos. Aparentemente, é uma solução óbvia, mas, para mim, naquela fase de desenvolvimento de minha liderança, era um salto grande demais. Convidei cinco pessoas para fazerem parte da equipe.

Surgiram imediatamente dois problemas: eu não sabia como delegar tarefas, e eles não sabiam como reagir a quem lhes delegava tarefas. Todos haviam demonstrado ser hábeis, cada um em suas áreas de responsabilidade, mas tinham atuado como CEO do departamento que correspondia a cada um com muito pouca comunicação e praticamente nenhuma coordenação. Agora, eu estava lhes pedindo que se unissem para apoiar uns aos outros, estimular-se mutuamente e coordenar programas com os outros da equipe.

Além de outros desafios enfrentados, precisávamos superar os obstáculos acadêmicos para solicitar o credenciamento. Deleguei o estudo de viabilidade a uma pessoa da equipe. Deleguei o planejamento de nossa campanha de desenvolvimento a outra, pedindo que pesquisasse os doadores em potencial. Consideramos adicionar outro campo de estudo; pedi a outro membro da equipe que estudasse a possibilidade e apresentasse um plano para grupos focais e um novo currículo.

A equipe de executivos da faculdade era minha sala de aula para aprender a delegar tarefas. Às vezes, eu acertava, mas, de vez em quando (pelo menos gostaria de pensar que foi apenas de vez em quando), errava feio. Tive de descobrir quem na equipe era criativo e podia preencher os espaços vazios... e quem necessitava de orientação muito específica. Quando era líder espiritual, fazia mudanças às pressas, mas agora tinha de saber como receber *feedback* objetivo em cada fase de um programa, para que pudéssemos fazer os ajustes necessários no meio do caminho. Identificar medições de referência graduais era uma ideia nova para mim, mas esse conceito provou ser incrivelmente útil. E, claro, tive de confrontar pessoas da equipe quando não queriam realizar a tarefa estipulada, não trabalhavam a contento ou demoravam para concluí-la. Quando era líder espiritual e único músico da banda, o dedo era sempre apontado para mim. Agora, tinha de aprender a ser direto e amável quando mostrava como alguém poderia apresentar um trabalho melhor da próxima vez.

Em determinado momento durante aquele primeiro ano como reitor de faculdade, entendi que a boa delegação de tarefas não começa com os membros da equipe; começa comigo. Tinha de entender cada um, tinha de me comunicar com clareza, tinha de misturar a visão com passos específicos de implementação, tinha de cumprir o prazo, tinha de conduzir pessoas talentosas e obstinadas ao longo do processo.

A curva de aprendizado dos planos de implementação por meio da delegação de tarefas foi acentuada para mim. As lições que aprendi naquele ano tão importante continuaram a ser aprimoradas no decorrer das décadas. Hoje, são parte vital de minhas conversas em encontros com líderes empresariais e eclesiásticos. Os líderes enfrentam várias tensões quando entram em ação para ver uma visão transformar-se em realidade.

ABSTRATO E CONCRETO

Muitos dos líderes mais eficientes que conheço são visionários; criam uma nova realidade de uma série de fatores desconhecidos. São pensadores abstratos, embora a maioria dos membros das equipes que lideram seja bem mais concreta. Esses líderes incentivam os grupos que lideram e os empregados com uma nova visão do futuro, mas quase sempre deixam suas equipes frustradas — mais especificamente, as pessoas que trabalham próximas a eles e que têm de pôr seus planos em prática. Os funcionários em geral e os de alto escalão querem saber *quem faz o que e quando*; se não recebem informações específicas e instruções claras, ficam imobilizados ou nervosos, tentando adivinhar o que devem fazer, e, às vezes, magoam os outros integrantes da equipe que também estão participando do jogo de adivinhação.

Muitos dos líderes mais eficientes que conheço são visionários; criam uma nova realidade de uma série de fatores desconhecidos.

O problema é que poucas pessoas da equipe são intuitivas o suficiente para entender o que acontece e criar medidas concretas da figura abstrata. Às vezes, somente um membro da equipe possui essa astúcia. O líder olha para a pessoa e pensa:

Por que todos não são iguais a ela? Na realidade, a maioria das pessoas não está configurada dessa maneira. Possuem dons, estão animadas e motivadas, têm experiência e *expertise*, mas precisam de caminhos claros para prosseguir. Se o líder não lhes proporcionar essa clareza, todos terão problemas.

Além disso, os líderes visionários estão, em geral, alguns passos adiante dos outros e não querem prender-se aos pormenores de um planejamento detalhado, ajustes minuciosos, relatórios e correções no meio do percurso. No entanto, os integrantes da equipe *precisam* desse tipo de informações, bem como de muito encorajamento para o progresso tangível em favor do qual estão trabalhando. Para implementar uma ideia, não basta apenas que o líder descreva uma imagem brilhante do que pode ser; é preciso que ele ofereça detalhes do planejamento, da delegação de tarefas e de *feedback*, que são elementos essenciais para o êxito.

Com certeza, os líderes visionários podem proporcionar orientação concreta. Tenho visto alguns líderes famosos desacelerarem para identificar os planos e as fases de um programa extenso. Eles apresentam medições graduais de referência para cada fase à equipe e a seus subordinados, de modo que todos saibam quando estão dentro do prazo e do cronograma, ou quando alguma área apresenta resultados fora da realidade e necessita ser reavaliada, ou que tipo de ajustes precisam ser feitos. No entanto, os líderes que se sobressaem nos dois mundos, abstrato e concreto, são raros. É por isso que, hoje em dia, é comum que as comunidades eclesiásticas de grande porte contratem equipes de executivos para realizar essa tarefa e que os empresários contratem diretores de operação e outros executivos de alto nível que proporcionam etapas concretas aos empregados para que a visão se torne realidade.

É importante que os líderes tenham uma visão do futuro. O pensamento abstrato que eles têm interfere em suas funções de liderança, mas eles necessitam adquirir habilidade — e paciência — para treinar cada pessoa da equipe, a fim de que se sintam confiantes à medida que desempenham suas responsabilidades. Quando os líderes investem tempo em fornecer orientação e respostas claras, criam, então, um ambiente estável, encorajador e inovador no qual cada um pode crescer.

Delegar tarefas é mais do que transferir a lista de tarefas de uma pessoa para outra. Isso é o mesmo que livrar-se do lixo. Delegar tarefas é dar responsabilidade e autoridade a alguém que saiba realizar o trabalho tão bem quanto você ou que aprenda a realizá-lo tão bem quanto você — ou melhor ainda. Para tanto, é necessário respeitar a inteligência, a *expertise* e o empenho da pessoa em alcançar os objetivos da equipe.

Os líderes necessitam adquirir habilidade – e paciência – para treinar cada pessoa da equipe, a fim de que se sintam confiantes à medida que desempenham suas responsabilidades.

Aqueles que dominam a arte da delegação de tarefas fazem perguntas oportunas logo no início. Quando esperamos para fazer perguntas depois que a pessoa não se saiu bem, elas são interpretadas como reprovadas em vez de úteis. Para qualquer tarefa ou programa importante, precisamos pensar antes de perguntar:

- Quem pode ajudá-lo a realizar este trabalho?
- Como ficará o trabalho depois de terminado?
- O cronograma funciona para você?
- De que materiais você necessita?
- Quais são suas medições graduais de referência?
- O que você precisa de mim?

Peço à equipe que me avise se estiver atrasada quanto ao planejado. Evidentemente, esse pedido produz medo nas pessoas que não querem dizer ao chefe que não conseguiram fazer o trabalho, portanto faço questão de dizer-lhes que somente ficarei aborrecido se eles *não* me avisarem a respeito do atraso. Costumo dizer: "Considerem-me como seu recurso principal. Fico muito feliz em ajudar de alguma forma, mas quero que me mantenham informado o tempo todo, com clareza e com frequência".

Conheça a você mesmo e conheça sua equipe. É maravilhoso ter uma ou duas pessoas na equipe que sejam capazes de pensar em termos abstratos e preencher as lacunas de uma visão global e superficial, mas não presuma que todos são assim — ou que todos *deveriam* ser assim. Adapte sua comunicação a cada pessoa em concreto da equipe. Todas ficarão felizes.

Os líderes devem informar aos membros da equipe que eles estão disponíveis. Diga: "Considerem-me como seu recurso principal. Fico muito feliz em ajudar de alguma forma, mas quero que me mantenham informado o tempo todo, com clareza e com frequência".

INTUIÇÃO E CONSELHO

Alguns líderes são tão intuitivos que "sentem" o que necessita acontecer bem antes de alguém ter tido a ideia. Isso pode ser uma força muito grande ou uma trágica fraqueza. Quando acreditam que a opinião deles não é importante, os membros da equipe sentem-se desvalorizados e perdem a motivação. A intuição é uma das características mais importantes da liderança, embora muitos líderes *não saibam o que eles não sabem*. Em vez de confiar no instinto deles, eles necessitam pedir a opinião de outros que provaram ser perspicazes e confiáveis.

Quando eu era reitor da faculdade, iniciei o hábito de dizer à nossa equipe de executivos: "Tenho uma ideia. Não é uma ideia final de forma alguma, portanto preciso da ajuda de vocês para melhorá-la". Depois que eu compartilhava a ideia, todos se sentiam à vontade para dar opiniões e adaptá-la a outra na qual todos nós acreditávamos. Não dizia: "Minha ideia é esta. Não vamos mudá-la de jeito nenhum. Só quero que vocês a ponham em prática". Quando eu pedia que eles a melhorassem, estava dizendo que tinha um conceito em mente e queria levá-lo adiante, mas precisava da participação deles para que sua finalidade fosse alcançada. A ideia em si não se destinava a um debate, mas a forma, o momento, as pessoas envolvidas e todas as nuanças só amadureceriam quando a equipe mergulhasse naqueles temas.

Os *instintos* são inatos e concedidos por Deus, mas a *intuição* é adquirida. Podemos desenvolver a habilidade de antever oportunidades e desafios, mas, em geral, precisamos de ajuda. Conheço líderes muito competentes que procuraram relacionar-se com homens e mulheres talentosos, e esses mentores e amigos fizeram milhares de perguntas para descobrir o que motiva os líderes. Os líderes em ascensão são leitores vorazes, estudam o campo de trabalho, assistem a conferências, procuram um mentor ou *coach* e ouvem *podcasts*. Aos poucos, desenvolvem um senso daquilo que funciona e daquilo que não funciona, em quem devem confiar e em quem não devem confiar, como a situação pode ser melhorada e o que pode atrasar a produtividade, o que motiva cada integrante da equipe e o que enfraquece seu entusiasmo e energia. Na época em que a maioria de nós se torna líder, desenvolvemos uma intuição a respeito de nossa função — mas os melhores líderes nunca param de se esforçar para alcançar seus objetivos e aprender. Sua intuição continua a ser refinada no decorrer da vida.

Alguns líderes encontram-se do outro lado do *continuum* da confiança. Aparentemente, não são capazes de tomar decisões enquanto não espremerem até a última gota do conselho que recebem de todas as pessoas que conhecem. Ainda assim, acreditam que necessitam de mais informações antes de tomar uma decisão. Eles desconfiam das próprias intenções; estão sempre olhando por cima dos ombros, querendo saber quem vai pegá-los quando cometerem outro erro.

Todos nós, que nos envolvemos nos negócios, em comunidades eclesiásticas e em assuntos familiares, vivemos na tensão entre intuição e conselhos. Tenho participado de reuniões com minha equipe com um forte senso do que necessitamos fazer e de como fazer, mas os conselhos das pessoas ao redor da mesa mudaram completamente meu modo de pensar. A equipe forneceu-me novas informações, deu-me um viés diferente a respeito das informações que eu tinha em mãos ou lembrou-me de outras prioridades que teriam ficado engavetadas ou atrasadas se seguíssemos na direção que sugeri. Entrei na reunião com um retumbante: "Sim, temos de fazer isto!", mas saí dizendo: "Estou muito feliz por não termos feito o que sugeri!". (E, claro, situações semelhantes ocorrem o tempo todo em meu relacionamento com Brenda!)

Todos nós, que nos envolvemos nos negócios, em comunidades eclesiásticas e em assuntos familiares, vivemos na tensão entre intuição e conselhos.

Para aceitar a tensão, valorizamos nossos sentimentos mais profundos, mas permanecemos receptivos para que outras pessoas apresentem ideias para moldar o conceito ou expressem preocupações com a finalidade de redirecioná-lo. Presumir que nossa intuição está sempre certa é arrogância e tolice. A intuição destrói muitas ótimas ideias das pessoas ao nosso redor e as faz duvidar de que são importantes. Por outro lado, as pessoas que raramente confiam em seus instintos são semelhantes a balões de gás ao sabor do vento. A opinião de cada pessoa tem o poder de fazê-la mudar de ideia, o que resulta também em frustração entre o pessoal da equipe e na família.

O ponto de partida é importante. Começo apresentando minha intuição e depois convido os outros a opinarem; no entanto, a grande maioria dos cônjuges e líderes começa molhando o dedo e apontando-o para cima a fim de saber qual é a direção do vento. Só então, quando sabem que não serão contestados, apresentam a ideia... e, ainda assim, são suscetíveis ao choque das novas informações ou das mudanças de ideia das outras pessoas.

Ideias preconcebidas

As suposições mais básicas que temos sobre a vida não caíram do céu. Foram formadas na infância ao observarmos a reação de nossos pais e irmãos em relação a nós e entre eles. Se vimos as pessoas mais importantes de nossa vida derivarem para uma das extremidades do *continuum* de viver por intuição ou ter medo da própria intuição, temos a possibilidade de imitar o comportamento delas ou seguir na direção oposta. Uma vez que os opostos se atraem, muitos casais têm uma das seguintes formas de comportamento: talvez a esposa seja muito intuitiva e o marido queira que todos concordem com uma ideia antes de opinarem. A tendência não é um erro fatal, desde que cada cônjuge respeite a ideia do outro. No entanto, torna-se um ponto de atrito constante quando um se magoa com a tendência do outro e culpa-o por ser compulsivo ou indeciso.

Nenhum de nós chega à fase adulta como uma tela em branco. A escrita à mão feita por nossos pais — e às vezes por tias, tios, avós, irmãos e irmãs — ocupa grande parte de nosso mapa mental. Internalizamos as palavras, o tom de voz, a presença, as ações e as atitudes de nossos pais. Às vezes, imitamos um deles ou seguimos na direção oposta porque sofremos uma mágoa muito grande, mas o impacto desse relacionamento é profundo e duradouro.

Em um artigo para a revista *Entrepreneur*, Jeff Haden identifica a tensão entre intuição e conselho. A comunicação, ele afirma, deve ser uma via de mão dupla:

> Os negócios estão repletos de o quê: o que executar, o que implementar, o que dizer e, às vezes, o que sentir. Aquilo que quase sempre falta é o porquê. É por isso que tantos projetos, processos e tarefas não dão certo. Diga-me o que fazer, e eu tentarei fazer; diga-me o porquê, ajude-me a entender o porquê, ajude-me a acreditar e fazer desse porquê a minha missão também [...] e derrubarei barreiras para fazer o impossível. Os gerentes estipulam. Os líderes que se destacam explicam. E depois ouvem — porque a comunicação mais eficiente consiste muito mais em ouvir do que em falar.[2]

Haden diz que os melhores líderes sabem que necessitam de ajuda. Quando seu nível de autoridade e responsabilidade aumenta, eles são tentados a exibir um ar de superioridade, mas esse é um erro fatal. O autor lembra-nos:

> Os líderes que se destacam não fingem que sabem tudo. (Na verdade, contratam de propósito pessoas que sabem mais que eles.) Fazem perguntas por instinto. Pedem ajuda automaticamente. E, no processo, demonstram vulnerabilidade, respeito pelo conhecimento e pela capacidade dos outros e disposição em ouvir. Todos estes são atributos dos líderes que se destacam.[3]

2 The 8 Instinctive Habits of Remarkable Leaders. **Entrepreneur**, February 10, 2015. Disponível em: <www.entrepreneur.com/article/242713>.

3 Ibid.

Agir com segurança e cautela certamente reduz o risco (e o constrangimento), mas destrói a criatividade e reduz drasticamente as emoções que a vida oferece. Se ninguém nunca achou que você perdeu o juízo, talvez seja necessário esforçar-se um pouco mais para confiar em seus instintos. Em um artigo para a revista *Inc.*, Sunny Bonnell descreve a necessidade que os líderes têm de dar um passo além da zona de segurança, mas, mesmo assim, isso deve ser mesclado com razão e colaboração:

> Quando age por impulso, você é imprevisível. Impulsivo. Autêntico. Chega rapidamente a uma conclusão e vê conexões que outros não veem. A intuição faz você ver além do ponto no qual seu negócio se encontra hoje e vislumbrar o que poderia ser amanhã. É por isso que a intuição é uma parte importante do que chamo de Raça Rara. Não me leve a mal — o instinto não está sempre certo. A ciência relativa ao cérebro diz que a intuição útil depende de muito conhecimento e experiência em seu campo de ação. Tão poderoso quanto a intuição, é o fato de que, se você não a acompanhar com planejamento, habilidade e controle estrito, tudo o que receberá de volta será uma ideia fria escrita em um quadro branco.[4]

Para viver na tensão, precisamos primeiro entender em que lado do *continuum* vivemos normalmente, bem como seus benefícios e limitações.

Para viver na tensão, precisamos primeiro entender em que lado do *continuum* vivemos normalmente. Podemos reconhecer os benefícios de estar ali, mas também as limitações.

[4] 4 Leaders Who Won by Following Their Instincts (Despite Being Told They Were Crazy), **Inc.**, January 22, 2018. Disponível em: <www. inc.com/sunny-bonnell/how-to-follow-your-instincts-in-business-even-when-people-say-youre-crazy.html>.

Os intuitivos podem aprender a pedir informações úteis, mas podem ser também mais vulneráveis quando estão errados e elogiam os outros que dão bons conselhos. Aqueles que raramente saem do lugar sem que haja consenso ou unanimidade podem gastar mais tempo antes das reuniões para prestar atenção em seu instinto. Ambos podem aceitar — pelo menos um pouco — o outro lado e ser melhores líderes, cônjuges e pais.

TEMPO INVESTIDO E TEMPO GASTO

Usando de novo a analogia do banco, não há nenhum erro em gastar dinheiro com coisas valiosas, mas, se gastarmos sem receber a renda dos investimentos, ficaremos sem dinheiro. Ou, nesse caso, nosso tempo e influência serão escassos. Alguns líderes se recusam a delegar tarefas porque insistem: "Posso fazer este trabalho melhor e mais rápido sem a ajuda de ninguém". Se isso for verdade, há um erro na liderança, ou seja, *gastar* nosso tempo e recursos em vez de *investi-los* nos integrantes da equipe e fornecer-lhes os meios, para que sejam tão eficientes quanto nós. A relutância em delegar tarefas limita a variedade dos recursos de que dispomos em relação aos nossos talentos e tempo, reduz o alcance daquilo que pode ser realizado por alguém mais e desmoraliza as pessoas ao nosso redor que estão ansiosas para ajudar, mas se sentem desprestigiadas.

Quando passo tempo com amigos, nunca considero perdido esse tempo. É importante — na verdade, crucial — desfrutar a companhia mútua. Para tornar esses momentos significativos, basta apenas compreender as esperanças e os medos uns dos outros e dar um pouco de risada.

> **A relutância em delegar tarefas limita a variedade dos recursos de que dispomos em relação aos nossos talentos e tempo, reduz o alcance daquilo que pode ser realizado e desmoraliza as pessoas ao nosso redor.**

No entanto, em outros relacionamentos, invisto o tempo para fortalecer as pessoas ao meu redor. Algumas se tornarão líderes mais eficientes, outras se tornarão mais talentosas em determinado campo de atuação, e todas terão um maior impacto.

Líderes que investem com sabedoria...

... têm um plano do que querem delegar.

Adaptamos nossas atribuições aos talentos, aos interesses e à capacidade de cada pessoa a fim de desenvolvê-la para as responsabilidades que terá no futuro.

... escolhem pessoas competentes e apaixonadas pelo que fazem.

Vejo frequentemente líderes que se dedicam a ajudar pessoas que não se interessam pelo trabalho e que não estão preparadas para executá-lo. Os investidores esperam o melhor possível do retorno, por isso analisam cuidadosamente as ações do mercado financeiro, os bônus, os imóveis e outras oportunidades para encontrar os mais rentáveis. Da mesma forma, temos de ser sábios ao selecionar pessoas nas quais investiremos nosso tempo e sabedoria.

... esclarecem as expectativas.

Quando nossas explicações são esparsas e indefinidas, as pessoas sentem-se frustradas. O objetivo não é falar simplesmente sobre o que esperamos; é não parar de explicar até que a pessoa seja capaz de expressar, tão bem quanto nós, quais são as expectativas.

... definem autoridade e recursos.

É injusto atribuir responsabilidade sem autoridade, e é desencorajador (e confuso) designar tarefas sem fornecer os recursos necessários para serem completadas com êxito. Portanto, é importante ter certeza de que a pessoa tenha entendido claramente a autoridade que lhe foi delegada — isto é, a amplitude das tomadas de decisão — e como adquirir tudo o que é necessário para cumprir a responsabilidade.

... acompanham de perto para encorajar e fazer ajustes.

As pessoas desabrocham quando ouvem palavras de afirmação... e morrem sem elas. Quando os grandes líderes delegam tarefas, continuam envolvidos no assunto. Não ficam o tempo todo em volta da pessoa, mas permanecem em contato para receber informações atualizadas. Esse acompanhamento dá ao líder muitas oportunidades de elogiar a pessoa e, se necessário, apresentar informações úteis para ajustes. Sem esse envolvimento, os líderes quase sempre são pegos de surpresa por problemas que ninguém lhes relatou. Isso cria, claro, um tipo errado de tensão no relacionamento!

... comemoram o sucesso dos outros como se fosse deles.

Quando lê o balanço de uma empresa e percebe que seu dinheiro rendeu, o investidor fica eufórico. Quando vê o sucesso da pessoa na equipe, o líder percebe que seu investimento rendeu enormes dividendos. Ele não se sente ameaçado pelo sucesso dos outros. Ao contrário, passa a ver o sucesso dos outros como medida principal do sucesso dele.

Os líderes que investem insatisfatoriamente...

... não delegam tarefas — ou delegam sem refletir.

Esses líderes não delegam as tarefas de forma clara ou, então, jogam a responsabilidade nos ombros de seus subordinados para obter vantagem própria. Os erros na delegação de autoridade e responsabilidade produzem perda de tempo, são ineficientes e impedem o desenvolvimento das pessoas. Todos se exasperam.

... delegam rápido demais ou devagar demais.

Um fica confuso, e o outro se frustra. Os bons líderes criam um ritmo para que os integrantes da equipe saibam o que se espera deles e como processar a informação e sentem-se confiantes porque os prazos são razoáveis.

... não repassam autoridade nem recursos.

Os líderes ineficientes erguem obstáculos para que os subordinados tenham dificuldade de completar suas tarefas. Não repassam autoridade porque querem retê-la a qualquer custo e limitam os recursos porque, na verdade, não querem que o subordinado tenha sucesso. Ao ver que o subordinado está se debatendo, o líder chega para salvá-lo como se fosse um herói... e todos, menos o subordinado, sabem o que realmente aconteceu.

... são ameaçados pelo sucesso dos outros

Líderes inseguros que prejudicam os esforços dos outros criam um ambiente nocivo. Nessas situações, muitos integrantes da equipe consideram a autopreservação como o objetivo principal. Ludibriam para ocupar posições mais altas, culpam uns aos outros e formam alianças, e tudo isso destrói a química da equipe.

POTENCIAL E PROBLEMAS

Investimentos são empreendimentos de longo prazo. Não medimos o critério de um investimento pelo que acontece hoje ou amanhã, mas pelo que acontecerá no futuro. Os melhores investidores veem possibilidades onde outros veem problemas. Quando eu ocupava a função de reitor da faculdade, o zelador do *campus* era Benson Karanja. No decorrer de nossas conversas, concluí que ele era um homem extraordinário. Em razão disso, abri várias portas para dar-lhe oportunidades de estudo e carreira profissional, e ele destacou-se em todas. A certa altura, convidei-o a fazer parte de nossa equipe de executivos e depois o promovi a vice-presidente executivo. Conversava com ele antes das reuniões para tratarmos da pauta de trabalho e de meus objetivos para cada item; trocávamos ideias depois das reuniões sobre o que acontecera. Eu dizia: "Aqui está o que você viu, mas aqui está o que se passa realmente". Eu acreditava em Benson, portanto fiquei feliz por investir tempo e atenção nele. Quando deixei a faculdade, o dr. Karanja sucedeu-me como reitor.

> A delegação atenta e inteligente de tarefas cria um caminho para que as pessoas alcancem a excelência.

Quem investiu em você? Quem viu talentos a serem desenvolvidos e caráter a ser refinado e considerou que valia a pena investir tempo e atenção em você para ajudá-lo a dar os passos seguintes? Essas pessoas viram alinhamento entre seus objetivos e os delas, portanto confiaram que seu progresso levaria adiante os objetivos delas.

Delegar tarefas é muito mais que transferir nosso trabalho para outra pessoa. É uma oportunidade de desenvolver as pessoas, forçá-las a tentar algo novo, testá-las para ver se estão prontas para assumir mais responsabilidades e promovê-las quando estiverem prontas. A delegação atenta e inteligente de tarefas cria um caminho para que as pessoas alcancem a excelência.

POUCOS OU MUITOS

Muitos líderes gastam tempo com muitas pessoas e deixam de investir tempo naquelas que podem fazer maior diferença na empresa, na comunidade eclesiástica ou organização sem fins lucrativos. Certamente não é errado gastar tempo com muitas pessoas, pois isso faz parte de estar visível e transmitir a mensagem da organização. Investir tempo, porém, em poucas pessoas multiplica o impacto do líder. Jesus falava a multidões, mas investiu a maior parte de seu tempo nos 12 apóstolos; os mais próximos a ele foram Pedro, Tiago e João. Esse trio era formado por aqueles que presenciaram os momentos mais íntimos de Jesus e que, sem dúvida, tiveram a oportunidade de fazer-lhe perguntas mais complexas e receberam as maiores oportunidades de ver o interior do coração de seu líder.

Para você, quem são os muitos... e quem são os poucos? Que pessoas ao seu redor *necessitam* de seu investimento, *desejam* seu investimento e quem progredirá como líder *por causa de* seu investimento?

Tenho observado que muitos líderes não mentoreiam algumas pessoas porque nunca foram mentoreados; não sabem delegar tarefas porque seus líderes não sabiam delegar tarefas e não acreditavam nas pessoas ao redor deles. Esses líderes já se sentem esticados ao máximo em razão das muitas exigências de sua função e consideram que mentorear algumas pessoas da equipe é uma exigência além da conta.

É incrível observar o que acontece quando os líderes reorganizam suas prioridades para participar da vida de algumas pessoas. Sim, há necessidade de alguns ajustes de agenda para que possam tomar um café ou almoçar com a pessoa todas as semanas. No entanto, ao longo dos meses e anos, se eles acreditarem nessa pessoa, colherão enormes quantidades de frutos — na competência da pessoa, no senso de realização do líder e no crescimento da organização.

Todos os líderes vivem na tensão entre o pouco e o muito. A maioria necessita tomar a decisão de liderar poucos.

É incrível observar o que acontece quando os líderes reorganizam suas prioridades para participar da vida de algumas pessoas.

AGORA E DEPOIS

Os líderes sempre pensam no futuro, e muitos chegam a essa posição porque são exigentes e batalhadores. Essas características são valiosas para elevar o nível de exigência para cada pessoa envolvida na organização, mas a concentração exagerada no futuro pode deixar as pessoas se sentindo vazias e desanimadas hoje. Creio que a comemoração é parte muito importante da agenda do líder, embora seja muito comum esperarmos tempo demais para saborear o sucesso. Conheço muitos líderes que só comemoram depois que o último prego foi martelado na nova construção, o último dólar foi arrecadado e o último dia de um longo programa chegou — e isso é tempo demais. No dia da comemoração, muitas pessoas estão tão exaustas que as poucas que se mostram emocionadas são aquelas que não trabalharam exaustivamente para ver o projeto terminado. Em vez disso, os líderes podem mesclar o conceito das medições graduais de referência e seu progresso com comemorações genuínas de sucesso ao longo de todo o projeto. Os grandes líderes são especialistas em comemorar sucessos graduais.

Todos nós já ouvimos o velho ditado sobre a longevidade no casamento: "Casais que oram juntos permanecem juntos". No entanto, em se tratando de equipes, aqueles que *jogam* juntos permanecem juntos. Quando os integrantes de uma equipe são capazes de relaxar e apreciar a companhia uns dos outros fora da rotina e das responsabilidades normais, eles passam a conhecer algumas peculiaridades dos colegas que nunca teriam conhecido em centenas de reuniões se estivessem apenas sentados cada qual ao lado do outro.

Em se tratando de equipes, aqueles que *jogam* juntos permanecem juntos.

Divertir-se em conjunto periodicamente não é perda de tempo; é investir tempo na saúde da equipe. Esses momentos, até mesmo os de comemoração pela grande possibilidade de alcançar uma meta, aumenta o nível de confiança, diminui a autodefesa, proporciona energia e promove longevidade porque as pessoas se sentem valorizadas e desejam permanecer na equipe.

Digo aos líderes que incluam um item na agenda e no orçamento: recreação. É importante, e só ocorrerá se for planejada. Ao contrário do que você poderia pensar, trata-se de tempo investido, não gasto, na saúde emocional da equipe. Nessas saídas para recreação, não há necessidade de mensagem devocional nem de oração. A equipe pode assistir a uma partida de basquete, fazer um piquenique, assistir a um concerto, ir ao zoológico, jogar bola ou realizar todas essas atividades em ocasiões diferentes. Conheço um líder que nomeou um *diretor de Recreação*, que é o responsável por encontrar muitas opções para ótimos momentos de divertimento com a equipe. Essa não é a única função dessa pessoa, mas é muito importante.

Lembro-me de um antigo comercial de óleo para veículos motorizados. O apresentador aparecia ao lado de um carro com o capô aberto, para deixar o motor à mostra, e dizia: "Você pode me pagar agora ou depois". Ele queria dizer que as pessoas podiam trocar o óleo do motor do carro a um preço baixo, mas, se esperassem demais, haveria problemas no motor e as despesas seriam muito maiores. Ocorre o mesmo com a liderança.

Muitos líderes gastam muito tempo e muita energia emocional para corrigir problemas de uma delegação ineficiente de tarefas. Se tivessem investido mais no início, se tivessem desenvolvido relacionamentos por meio de recreações e delegado tarefas corretamente, teriam se livrado — e livrado a equipe — de muitas dores de cabeça. Certamente a delegação correta de tarefas logo no início pode demorar mais tempo do que realizar a tarefa sozinho, mas se o líder treinar um grupo maior de pessoas talentosas e entusiasmadas verá grandes retornos no futuro.

Por que muitos líderes não sabem delegar tarefas corretamente? Pelo que vemos, pode haver muitos motivos, mas um que observo com mais frequência é que eles não apresentam instruções claras porque se preocupam com todas as coisas que necessitam fazer. Para cada tarefa designada a um integrante da equipe, podemos fazer esta pergunta simples, porém maravilhosamente abrangente: "*Quem* faz *o que* e *quando*?". Se os três componentes forem esclarecidos desde o início, o trabalho renderá mais, as frustrações serão reduzidas ao mínimo e as desavenças serão praticamente eliminadas.

> Quando os líderes desenvolvem relacionamentos por meio de recreações e delegam tarefas corretamente, eles se livram — e livram a equipe — de muitas dores de cabeça.

Para os visionários, os detalhes da delegação de tarefas parecem incrivelmente maçantes e monótonos, mas são absolutamente necessários para tornar a equipe eficiente e para que todos se empolguem com as tarefas que receberam. A implementação bem-sucedida não é um mistério. Exige previsão, investimento em poucas pessoas e muitas comemorações.

PENSE

1. Em que ponto você está no *continuum* de depender da intuição e buscar conselhos? Em que ponto estão as pessoas próximas a você? A diferença causa algum atrito? Explique sua resposta.

2. Descreva o impacto das pessoas que investiram em você ao longo dos anos.

3. Que princípios de delegação de tarefas você já utiliza? Quais necessitam ser melhorados?

4. Quem são as *poucas* pessoas nas quais você está investindo ou deseja investir? Por que elas foram escolhidas? Qual foi o progresso de cada um desses relacionamentos?

5. Por que a recreação e as comemorações periódicas são tão importantes para a saúde emocional e a produtividade das equipes ou das famílias?

6. Quais são alguns benefícios de investir tempo e energia logo no início da delegação de tarefas em vez de no fim quando os problemas já existem?

APLIQUE

- Ao ler este capítulo, que tensões aqui descritas o fizeram lembrar-se de suas experiências?
- Como você reagiu na ocasião?
- Como deseja reagir da próxima vez?
- Você conhece alguém que esteja enfrentando uma tensão semelhante hoje? Quem?
- Como você pode ajudar essa pessoa a aceitar a tensão, resolver a tensão ou usar a tensão para estimular uma solução inovadora?

6

TENSÕES RELATIVAS À VISÃO

Quanto maior a tensão, maior é o potencial.

Carl Jung

Poucos anos atrás, prestei consultoria a um líder espiritual famoso que planejara construir um centro de adoração muito maior, mas não havia previsto alguns desafios monumentais. A princípio, tudo parecia ir às mil maravilhas. O plano de arquitetura foi elaborado cuidadosamente, havia muito entusiasmo da parte da equipe de auxiliares e a comissão de construção destinara fundos para dar início ao projeto. O lançamento era iminente. Logo, porém, notei que o planejamento não era tão abrangente quanto fui informado. Os fundos disponíveis não foram suficientes para convencer o banco de que o projeto era viável, portanto o gerente do banco recusou atender ao pedido deles. O segundo banco e outros quatro consultados chegaram à mesma conclusão. Todos explicaram que os fundos disponíveis não eram suficientes para que o empréstimo fosse aprovado. Quando a comunidade arrecadasse mais dinheiro, disseram os gerentes, as portas estariam abertas para uma nova conversa.

O problema era que a visão já havia sido comunicada, e as pessoas estavam entusiasmadas para que se tornasse realidade. O entusiasmo bateu contra as rochas da realidade. Nos cinco anos seguintes, o líder espiritual recorreu vezes e mais vezes aos doadores principais, pedindo mais dinheiro. Como não tinha boas notícias para dar à equipe de assistentes, ele tentava evitar o assunto sempre que possível. Quando os membros da comunidade pediam explicações aos integrantes da equipe de assistentes, eles mudavam de assunto ou encolhiam os ombros — reações que não inspiravam confiança! Os planos grandiosos de alcançar mais pessoas e proporcionar mais programação para a comunidade haviam desaparecido. O líder espiritual continuava dizendo ao auditório que estavam "quase prontos" para iniciar a construção, mas, depois de algum tempo, ninguém acreditava nele. As pessoas se cansaram da visão, os doadores se cansaram dos pedidos, a equipe de assistentes se cansou de tanta confusão, e as pessoas não tinham a menor ideia do que estava acontecendo.

Quando o nível de decepção crônica do líder ultrapassou sua visão para o futuro, ele também perdeu a esperança de que o prédio seria construído e passou a desconfiar dele próprio e do Senhor. Talvez não tivesse ouvido realmente a voz de Deus... talvez a visão fosse destinada ao próximo líder, não a ele... ou talvez ele ainda não tivesse tentado o suficiente. Os doadores — e esse grupo incluía praticamente todos os membros da comunidade eclesiástica — haviam contribuído financeiramente para o projeto, mas não viam nenhum progresso. O líder sentiu-se em um beco sem saída: não podia levar o projeto adiante se não arrecadasse mais dinheiro e certamente não poderia desistir do projeto e dizer às pessoas que a contribuição delas havia sido desperdiçada. Foi então que ele me ligou para pedir conselhos.

Outro líder espiritual a quem prestei consultoria é o maior gerador de ideias que conheço. Ele tem mais ideias por dia que a maioria de nós tem em um ano ou talvez durante a vida inteira. Alguns de seus conceitos têm poder suficiente para permanecer em sua agenda por um mês, mas a maioria desaparece ao anoitecer. Sua equipe de assistentes aprendeu rapidamente que não pode tomar providências a respeito de nada do que ele disse porque no dia seguinte haverá uma ideia nova e diferente. Durante muito tempo, muitos deles tentaram encontrar meios de planejar e garantir os recursos para implementar algumas das ideias. Fizeram perguntas corretas para que o projeto estivesse alinhado com a visão e os valores da comunidade espiritual e discutiram as fases do projeto. No entanto, o líder espiritual se cansou rapidamente desse tipo de conversa; sua linguagem corporal dizia que ele não estava mais prestando atenção no que lhe diziam. Sua credibilidade despencou à medida que os olhos da equipe de assistentes foram perdendo o brilho a cada reunião. Sua mente produziu novos conceitos, mas suas ações produziram letargia na equipe.

Quando o líder não é capaz de sustentar um conceito por tempo suficiente para terminá-lo, todos chegam à conclusão de que não vale a pena investir tempo nem sequer para tentar levá-lo adiante.

Não há nada errado com o fato de um líder mudar de ideia. Faz parte do processo de descoberta de qualquer ideia. No entanto, quando o líder não é capaz de sustentar um conceito por tempo suficiente para terminá-lo, todos chegam à conclusão de que não vale a pena investir tempo nem sequer para tentar levá-lo adiante. Uns poucos integrantes da equipe de assistentes e funcionários de primeira linha sentem-se desmoralizados, desistem e vão embora, mas muitos voltam sem rumo a suas áreas de responsabilidade e fazem o melhor que podem. Dedicam-se totalmente ao trabalho, mas sofrem com a incômoda verdade de que são menos eficientes porque não conseguem coordenar bem seus esforços com os demais da equipe.

As famílias podem ter uma visão; no entanto, é normalmente mais intuitiva que articulada. As famílias possuem valores não revelados, porém muito reais, e uma cultura fortalecida de uma geração a outra. A maioria das famílias comemora sinceramente o sucesso uns dos outros, o que mostra que seu valor principal é o progresso de cada um. Algumas passam pelo processo de criar uma visão da família, e é comum os pais transferirem o negócio aos filhos, ou talvez pelo processo de treinar cada geração para trabalhar com paixão e altruísmo. Quero que os membros de minha família experimentem as bênçãos de Deus: saúde, relacionamentos firmes e duradouros e um propósito maior que nós. Se transmitirmos esses valores e visão, ficarei emocionado.

HISTÓRIA E HORIZONTES

Para conduzir qualquer tipo de mudança genuína, temos de viver na tensão entre as lições que internalizamos no passado e o caminho para novos horizontes. O sucesso no passado não é o melhor indicador de sucesso no futuro. Aquilo que *já sabemos* pode interferir no caminho daquilo que *precisamos saber* quando pensamos em dar os passos seguintes.

Os testes de genética e a internet transformaram o estudo da história da família em um fenômeno moderno. Alguns de nós têm obsessão por descobrir quem somos e de onde viemos. Esse estudo tornou possível descobrir muito mais detalhes do que conhecíamos sobre nossas origens — muito mais do que a tia Mabel escreveu em uma longa carta para sua mãe! Descobrimos mais que uma árvore genealógica abstrata; descobrimos histórias sobre nossos antepassados que nos emocionam, nos deixam perplexos ou que nos envergonhariam se tivéssemos vivido mais perto da época em que eles viveram. Quando retrocedemos para identificar as pessoas de nossa família e nos informamos mais a respeito de suas histórias, temos a oportunidade de entender por que nossos avós e pais eram como eram ou são como são. Isso nos dá mais entendimento, talvez mais empatia e, quase certo, mais apreciação por tudo o que sofreram para sobreviver em meio a dificuldades e aventuras. Temos a oportunidade de reformular essa história, não de mudá-la, mas de reinterpretá-la de modo mais positivo e até heroico, leve.[1]

Em cada função e relacionamento, precisamos ficar de olho no que aconteceu ontem, a fim de ter um contexto para hoje e entender as oportunidades para amanhã.

Em cada função e relacionamento, precisamos ficar de olho no que aconteceu ontem, a fim de ter um contexto para hoje e entender as oportunidades para amanhã. Por exemplo, no casamento, algumas pessoas se perguntam por que o cônjuge continua a reagir da mesma maneira diante dos mesmos aborrecimentos. Se analisarmos um pouco mais, não será difícil descobrir: a história do passado do relacionamento molda definitivamente as reações de hoje e, quase sempre, a história do relacionamento do cônjuge com os pais interfere nas reações atuais. O padrão é normalmente previsível, mas somente se decidirmos dar um passo para trás, abrir os olhos e ver as tendências da história. Então, entenderemos como traçar um caminho para um horizonte melhor.

[1] Para mais informações e motivação, consulte: NIGRO, Carmen. 20 Reasons Why You Should Write Your Family History. **New York Public Library**, February 9, 2015. Disponível em: <www.nypl.org/blog/2015/02/09/reasons-to-write-your-family-history>.

FLUXO, SISTEMAS E ESTRUTURA

Sistema é um organograma criado para que todas as tarefas de uma empresa ou de uma comunidade eclesiástica sejam executadas; passa a ser *estrutura* quando os nomes são atribuídos a vaga e as responsabilidades são designadas. *Fluxo* é o senso inato do líder daquilo que necessita acontecer e quem realizará a tarefa. Um bom número de líderes que conheço possui intuição extraordinária — às vezes, não conseguem explicar por que acreditam que a organização precisa tomar uma medida específica; eles apenas sabem disso. Contudo, também conheço líderes que construíram um sistema viável com muito cuidado e recrutaram, treinaram e contrataram pessoas muito competentes para cada posição. Creio que os melhores líderes vivem na tensão entre fluxo de um lado e sistemas e estrutura do outro.

Os problemas surgem (e se multiplicam) quando os líderes colocam peso exagerado de um lado ou do outro. Fluxo total e sistemas fracos deixam as pessoas em dúvida sobre o que estão fazendo, por que estão fazendo, o que é mais importante e quando as tarefas precisam ser feitas. Frustração e caos são resultados inevitáveis. Por outro lado, os líderes que confiam demasiadamente em seus sistemas e estrutura têm a vantagem da previsibilidade em tudo o que fazem, mas não participam da aventura da espontaneidade. Seus subordinados sentem-se como se fossem uma peça da engrenagem do líder — cumprindo seu dever, mas sem paixão e propósito.

É prudente criar planos de longo prazo — cinco, dez ou até vinte anos —, mas a vida segue e os líderes necessitam ser ágeis o suficiente para não deixar escapar uma onda de oportunidades que não haviam previsto. Algumas empresas vivem quase constantemente na fluidez. Logística, comunicação, redes sociais e transportes estão em mudança perpétua. Para eles, é raro o horizonte do planejamento ser mais longo que um ano, ou alguns meses, porque a tecnologia muda rapidamente os estilos dos negócios. Teríamos sonhado dez anos atrás que veríamos carros e caminhões rodando sem motorista nas rodovias? Presto consultoria a um empresário que está criando um novo tipo de aeronave. Qual será a próxima ideia? Esta é exatamente a pergunta.

Os líderes que valorizam o fluxo aproveitam oportunidades que surgem do nada. Procuram circunstâncias favoráveis em sua indústria ou cultura e fazem os ajustes necessários. Ensinam aos funcionários que ser flexível faz parte da discriminação das tarefas de cada um e não se surpreendem quando são solicitados a mudar prioridades, adquirir novas habilidades e encontrar novos caminhos para concluir novas tarefas.

Todos os planos estratégicos devem ser registrados por escrito. As organizações muito rígidas perdem oportunidades, sentem-se confusas quando ficam para trás e precisam encontrar alguém para culpar. Certamente o planejamento é necessário, mas é importante manter os olhos abertos para novas oportunidades.

Quando era reitor de faculdade, descobri rapidamente que o ambiente acadêmico é talvez o campo com raízes mais profundas em sistemas e estruturas e o último a querer mudar. No entanto, decidimos mudar o sistema: começamos a oferecer cursos para alunos não tradicionais, na faixa dos 40 anos de idade, e para aqueles que já possuíam uma carreira profissional e família. Na tentativa de acomodar os horários, programamos aulas noturnas. Também propusemos mudanças radicais no auxílio financeiro, nos horários dos professores e no modo em que os

Todos os planos estratégicos devem ser registrados por escrito. [...] é importante manter os olhos abertos para novas oportunidades.

estudantes interagiam entre si, para que fossem estimulados a pôr em prática o que estavam aprendendo. Todas essas mudanças pareceram perfeitamente razoáveis para nós, mas o pessoal do credenciamento reagiu como se tivéssemos atirado uma granada de mão em seu mundo acadêmico particular e antiquado! Quando contestaram nossos planos e metas, respondemos a todas as perguntas e conseguimos fazer os ajustes em nosso novo sistema. Os resultados foram imediatamente encorajadores: muitas pessoas que imaginavam não ter nenhuma chance de cursar o ensino superior encontraram as portas abertas para elas.

Em muitos casamentos, uma pessoa é o fluxo, e a outra, a estrutura; uma tem ideias criativas, e a outra pensa muito antes de criar planos viáveis; uma contrai dívidas, e a outra paga as dívidas. A diferença pode criar ressentimento... ou produzir uma bela mistura se um aprender a valorizar o outro.

Vejo a tensão entre fluxo, sistemas e estrutura como se fosse um rio. A corrente de água é o fluxo criativo, mas, sem as barrancas dos sistemas e da estrutura, ela inunda as casas às margens do rio. Sem o fluxo, as barrancas seriam desnecessárias, improdutivas e secas. Um não é melhor que o outro. Só funcionam quando trabalham juntos. Se alguém valorizar apenas o fluxo, constatará que os sistemas e a estrutura são severamente restritivos em vez de direcionais e necessários. Se alguém se dedicar apenas a sistemas e estrutura, a espontaneidade da inovação será perdida, e o rio ficará raso e estagnado.

Em diferentes fases da vida de uma organização ou família, a tensão entre o fluxo e os sistemas e a estrutura pode mudar. Por exemplo, os líderes de *startups* e de implantação de comunidades espirituais passam muito tempo planejando o lançamento, mas logo descobrem que não previram alguns problemas ou as surpresas de oportunidades únicas. Os primeiros anos são repletos de ajustes, pois eles aperfeiçoam seus sistemas para aproveitar a vantagem do fluxo. No entanto, se os sistemas se tornarem calcificados, perderão a próxima onda de oportunidades que chegará até eles. Nas famílias, os primeiros anos após o casamento trazem muitos fatores desconhecidos. Algumas pessoas prosperam no caos, enquanto muitas necessitam desesperadamente de um senso de ordem para conservar a sanidade. Quando os filhos crescem e saem de casa, e o dinheiro não fica mais tão apertado, os pais podem relaxar mais, afrouxar a agenda e apreciar mais as atividades feitas por impulso.

Hoje, há centenas (talvez milhares) de livros e seminários sobre a importância de encontrar equilíbrio na vida. Cheguei à conclusão de que esse objetivo não se adapta corretamente à realidade. Há muitos imprevistos na vida. Para muitos de nós, há necessidade de dedicar muitas horas ao trabalho ou à família, ao menos por uns tempos. No entanto, em vários pontos encontramos espaço para respirar, recarregar as baterias e apreciar coisas que deixamos de lado durante tempos de grande pressão. Se tentássemos equilibrar cada dia durante todo esse tempo, ficaríamos frustrados e provavelmente confusos, mas, se entendermos o movimento das marés da vida, talvez não encontremos o equilíbrio perfeito em todos os dias, mas encontraremos o ritmo certo. Os problemas surgem quando não encontramos alívio depois de atravessar tempos de intensas responsabilidades. As dificuldades também surgem quando nos sentimos culpados por ter imaginado que deveríamos ser capazes de encontrar equilíbrio todos os dias ou, então, outras pessoas tentarão nos fazer sentir culpados porque

Os problemas surgem quando não encontramos alívio depois de atravessar tempos de intensas responsabilidades.

não estamos gastando a mesma quantidade de tempo todos os dias fazendo aquilo que acham que deveríamos fazer.

Em nossas organizações, precisamos aceitar a tensão entre fluxo e sistemas e estrutura; na vida pessoal, buscamos ritmo em vez de equilíbrio.

SISTEMAS ANTIGOS E NOVOS

A história das organizações está abarrotada de empresas que não souberam revisar seus sistemas quando os tempos mudaram. Os sistemas antigos são aqueles que costumavam funcionar; os novos sistemas são aqueles que necessitam expandir agora e no futuro. A visão da empresa é o propósito propulsor, e o sistema é o veículo que nos leva até lá. Se você tem uma visão bem elaborada, mas um veículo antiquado, ficará parado na beira da estrada vendo seus competidores passar velozmente por você.

Creio que podemos identificar um ciclo poderoso de sucesso organizacional[2] a partir da visão até o domínio:

O CICLO DO SUCESSO

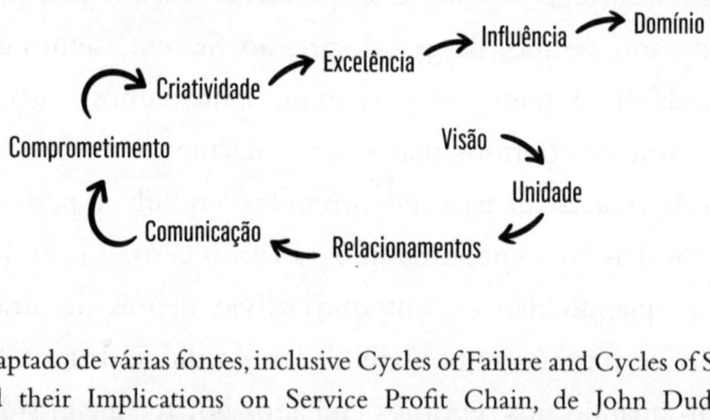

2 Adaptado de várias fontes, inclusive Cycles of Failure and Cycles of Success and their Implications on Service Profit Chain, de John Dudovskiy. **Research Methodology**, November 27, 2012. Disponível em: <www.research-methodology.net/cycles-of-failure-and-cycles-of-success-and-their-implications-on-service-profit-chain>.

- A *visão* produz unidade porque convida todos a participarem de um propósito maior que eles. A visão descreve o que, o como e o quando.
- A *unidade* intensifica os relacionamentos — o quem.
- Os *relacionamentos* possibilitam comunicação clara.
- A *comunicação* reforça comprometimentos compartilhados.
- Os *comprometimentos* compartilhados criam um ambiente de criatividade.
- A *criatividade* resulta em excelência.
- A *excelência* aumenta a influência.
- À medida que a influência aumenta, a organização pode ter *domínio* no campo de atuação.

O domínio não é necessariamente presença exclusiva, e não implica tratar mal a competição, mas significa que a organização exige respeito, tem uma fatia de mercado significativa e é líder em inovação. Algumas empresas aéreas têm domínio em regiões específicas ao redor do mundo, a Amazon é a força dominante em *marketing* e vendas no mundo inteiro, e algumas comunidades eclesiásticas causam impacto muito maior onde estão que quaisquer outras. Essas organizações não se contentaram com os sistemas antigos, portanto criaram novos para aproveitar as oportunidades. No entanto, não se desfizeram completamente dos antigos. Viveram na tensão entre o que funcionava bem, o que não funcionaria no futuro e os novos sistemas exigidos para dar grandes passos adiante.

As organizações dominantes vivem na tensão entre o que funcionava bem, o que não funcionaria no futuro e os novos sistemas exigidos para dar grandes passos adiante.

RISCO E SEGURANÇA

Em 1955, a Ford Motor Company decidiu produzir seu primeiro carro novo depois de uma década. Fizeram uma pesquisa extensa e descobriram que o *boom* econômico pós-guerra os capacitaria a vender até 400 mil carros da nova linha por ano. Examinaram os modelos que outras empresas automobilísticas de grande porte estavam produzindo e concluíram que seu projeto inovador triunfaria. Deram ao carro o nome do filho do proprietário da empresa, Edsel Ford. No entanto, na ocasião em que os primeiros Edsels saíram da linha de montagem em 1957, o mercado havia mudado, e as vendas foram muito menores do que se previa. O experimento durou apenas dois anos. A revista *Time* relatou:

> Como se constatou, o Edsel foi um caso clássico de carro errado para o mercado errado no tempo errado. Foi também um exemplo principal das limitações da pesquisa de mercado, com suas "profundas entrevistas" e o fetiche "motivacional". A respeito da pesquisa, a Ford tinha um argumento incontestável para um novo carro de preço médio que competiria com o Dodge e o DeSoto da Chrysler, o Pontiac, o Oldsmobile e o Buick da General Motors. [...] O fracasso de toda a pesquisa foi que, em 1957, quando o Edsel foi lançado, o período de prosperidade dos carros de preço médio havia desaparecido e um novo *boom* estava começando na venda de carros compactos, uma área que a pesquisa do Edsel havia negligenciado completamente.[3]

[3] ROTHMAN, Lily. What Happened to the Car Industry's Most Famous Flop? **Time**, November 19, 2014. Disponível em: <www.time.com/3586398/ford-edsel-history>.

O último Edsel foi produzido em 1959. A confiança dos executivos da Ford foi abalada e eles só lançaram outro carro em 1964, quando apresentaram o primeiro Mustang, um dos carros mais populares de todos os tempos.

As pessoas sempre se fascinam com líderes que se dispõe a arriscar tudo. Nos últimos vinte e cinco anos do século XIX, John D. Rockefeller assumiu a nova indústria de petróleo e gás e dominou-a durante décadas. Enquanto o país crescia rapidamente, Andrew Carnegie foi um leão na indústria do aço. Hoje, Jeff Bezos, Oprah Winfrey, Steve Jobs, Richard Branson e Elon Musk são nomes famosos porque foram muito ousados... e ganharam a aposta.

Cometemos erros quando tentamos viver na tensão entre risco e segurança — com certeza. Se esperarmos ter 100% de sucesso, será tarde demais porque outros já terão chegado à nossa frente e se apossado da ideia e do mercado. Se tivermos medo de perder, não aproveitaremos as chances. Por outro lado, se não dedicarmos tempo para fazer pesquisas suficientes e mergulharmos de cabeça sem pensar nas consequências, poderemos deixar um rastro de sonhos (e confiança) espatifados atrás de nós.

Em um artigo para a *Inc.*, Minda Zetlin cita um CEO bem-sucedido que descreve as "5 coisas que os líderes mais inteligentes sabem a respeito de correr riscos". Algumas delas são:

1. "Qualquer risco deve ser útil à missão de sua empresa". Uma descarga de adrenalina não é motivo suficiente para correr riscos. Eles devem ser estratégicos, muito bem pensados e devem estar alinhados com a visão, com os valores e com as metas da organização.
2. "Você tem de se sentir realmente bem com seus fracassos e perdas".

Os líderes que não conseguem conviver com o fracasso — e não aprenderam a usar o fracasso para ensinar todos da equipe — ficam estagnados e não são capazes de tentar qualquer coisa nova.

3. "É perfeitamente normal *não* correr riscos".

   É tolice correr riscos desnecessários, riscos que não estão em sintonia com a visão da empresa, riscos que não se encaixam no cronograma de outros planos e riscos cujo preço será muito alto se fracassarem.

4. "Correr riscos tem um custo".

   As empresas e as comunidades eclesiásticas que correm muitos riscos têm problemas com as finanças, o que força os líderes a transferirem verba de um setor para outro, como contratação de funcionários, infraestrutura e outros recursos.

5. "Pode demorar muito tempo para que os empreendimentos arriscados apresentem bons resultados".[4]

   É quase garantido que o retorno do investimento em empreendimentos de risco demore mais do que o líder esperava.

Esta é a tensão com a qual vivemos o tempo todo. Sempre que dirigimos um carro ou viajamos em um, ou escolhemos um restaurante, um lugar para passar as férias, roupas ou um investimento financeiro, pesamos intuitivamente o risco e a necessidade de segurança. Alguns de nós precisamos de um pequeno empurrão para ser mais aventureiros enquanto outros precisam pisar um pouco mais no freio. Se conhecermos a nós mesmos e recebermos

Alguns de nós precisamos de um pequeno empurrão para ser mais aventureiros enquanto outros precisam pisar um pouco mais no freio.

[4] **Inc.**, April 20, 2015. Disponível em: <www.inc.com/minda-zetlin/5-things-the-smartest-leaders-know-about-risk-taking.html>.

um bom *feedback* das pessoas que entendem nossas tendências, aprenderemos a viver com mais eficiência nessa tensão.

AGORA E DEPOIS

O ciclo de vida efetivo de uma comunidade eclesiástica é de cerca de vinte e cinco anos. Se os líderes não se reinventarem e não relançarem a comunidade espiritual, ficarão fatigados e estagnados. Pelo que tenho visto:

- Nos primeiros três a cinco anos, a comunidade estabelece sua identidade. Os líderes deparam com seu primeiro grande conflito, quase sempre a respeito de administração, recursos e programas. O líder pode perder algumas pessoas e dinheiro, mas o retorno é geralmente rápido e completo.
- Depois de oito a dez anos mais ou menos, a comunidade sofre um segundo conflito importante, mas, dessa vez, refere-se a pessoas. Este costuma ser o momento do *eu ou eles* para o líder espiritual: "Ou eles saem, ou eu saio". Por exemplo, uma integrante da equipe de assistentes que trabalhava adequadamente quando a comunidade era menor não é capaz de lidar com o aumento de responsabilidades produzido pelo crescimento do grupo. Todos gostam dela, e ela criou uma rede forte de pessoas que acreditam em seu potencial. Se for transferida para outra função — ou se ela se rebelar e for retirada da equipe — haverá um efeito destrutivo em cascata em toda a comunidade. Ou o conflito pode ser com uma ou mais pessoas do conselho, cujo apoio se transformou em oposição. Seja qual for a origem do tumulto, é hora de realizar um teste rigoroso. Nessa fase, o líder precisa

tomar algumas decisões difíceis; precisa investir tempo e energia para ter certeza de que as pessoas certas estão ocupando as funções certas.

- No período entre onze e treze anos, a comunidade ganha fôlego e os programas são muito bem-sucedidos. O grupo cresce e todos demonstram otimismo em relação ao futuro. No entanto, nesse período, é comum o líder começar a duvidar de si mesmo — dúvidas que a equipe de assistentes e os membros da comunidade não imaginam que ele tenha. Diante do crescimento da comunidade, ele começa a pensar se deseja continuar ocupando a função primordial de líder espiritual ou se acredita que Deus deseja que ele atue de modo mais semelhante a um CEO. É um período muito difícil na vida particular desse líder espiritual, mesmo quando tudo parece estar transcorrendo excepcionalmente bem. Se ele escolher mudar de função, as responsabilidades e as prioridades mudarão, e os relacionamentos serão afetados. A essa altura, tem uma escolha: pode se reinventar, contratar pessoas altamente competentes, definir metas e funções e elaborar planos para que a comunidade cresça mais ou, então, se dar conta de que o custo será alto demais para promover grandes mudanças; portanto, ele desiste dos sonhos grandiosos. Afinal, o grupo está se expandindo, as pessoas se sentem felizes com a atual direção, e o incômodo que a mudança traria não valeria a pena. Em vez de incentivar o grupo a concordar com a nova visão, ele abandona o sonho e se acomoda com a visão existente. Não se trata necessariamente de covardia; na verdade, pode ser o epítome da sabedoria. Se o líder espiritual escolher pôr em prática uma visão radical, ele e a comunidade pagarão um preço. A apreensão nessa fase pode afastar muitas pessoas da comunidade — e, se a nova direção produzir muito atrito, o líder espiritual poderá ser um dos que irão embora.

- Quando a comunidade se aproxima da marca dos vinte e cinco anos de existência, pode haver uma grande tempestade de exaustão, crescimento além da capacidade da equipe de assistentes, problemas financeiros e talvez uma transição de liderança. Talvez o líder esteja cansado dos sucessos dos últimos anos, talvez de uma década, e deseje fazer algo novo, diferente e ousado. Acredita que existe quase unanimidade na equipe e imagina que todos ficarão felizes por levar adiante essa nova visão. Talvez esteja certo e continue a liderar uma comunidade pujante até aposentar-se. Talvez esteja errado e, nesse caso, a comunidade se insurgirá contra ele e os sentimentos de mágoa se multiplicarão em acusações e saídas do grupo.

Antes desse ponto crucial dos vinte e cinco anos, o líder e a equipe de liderança necessitam fazer uma avaliação do que se passa no coração dos membros da comunidade, até mesmo tudo o que eles são, tudo o que têm sido e tudo o que esperam ser. Decisões difíceis terão de ser tomadas. Presto consultoria ao líder de uma comunidade eclesiástica que está perto de completar trinta anos de organização. Neste exato momento, ele se encontra na fase de avaliação. Em conjunto com a liderança da comunidade eles estão atravessando um longo processo de reinventar e relançar essa comunidade com uma visão renovada, uma equipe de assistentes modernizada, jovens na equipe de liderança e alguns líderes jovens com energia e disposição para assumir riscos ousados.

As empresas atravessam um ciclo semelhante de lançamento, crescimento, conflito, estagnação e relançamento, mas o ciclo completo ocorre provavelmente depois de doze ou quinze anos, não de vinte e cinco. A velocidade do ciclo de vida de uma comunidade eclesiástica é afetada pela competição com outras comunidades locais; já as empresas têm competidores muito mais numerosos e agressivos. Por exemplo, o plástico usado nas garrafas de água foi desenvolvido em 1973. Com isso, as empresas conseguiram engarrafar e vender vários tipos de água. Quatro décadas depois, o consumo anual de água engarrafada nos Estados Unidos era de 9,67 bilhões de galões, uma média de quase 31 galões por pessoa.[5] Pode-se dizer que 132 empresas, no mínimo, registraram pelo menos uma marca de água engarrafada, e elas competem ferozmente no mercado para vender cada gota. Cada uma dessas empresas procura sempre encontrar meios de relançar sua marca para atrair a atenção dos clientes. O que eles estão comprando? Água — apenas água.

Vários autores identificaram cinco estágios no ciclo de vida das empresas. Fiz uma adaptação dos cinco estágios relacionados e descritos por Neil Petch, presidente do conselho do Virtugroup, em um artigo para a revista *Entrepreneur*:

1. *Conceito*

   Neste estágio, o empreendedor estuda o mercado, a viabilidade de um produto ou serviço e a possibilidade de lucro em um período de tempo razoável.

2. *Início*

   Os que iniciam novos negócios costumam cometer o erro de subestimar o valor do capital social da empresa,

[5] HURLEY, Adam. A Brief History of Bottled Water. **Kitchn**, February 23, 2016. Disponível em: <www.thekitchn.com/a-brief-history-of-bottled-water-228642>.

por isso não há fundos suficientes neste estágio crucial. Também precisam fazer uma rápida adaptação quando descobrem uma oportunidade maior do que pensavam ou que aquilo que estão oferecendo não é tão atraente quanto imaginaram.

3. ***Crescimento***

   Neste ponto, a maioria das dificuldades já foram superadas, os sistemas estão funcionando, o pessoal está trabalhando bem e a empresa está lucrando. Há uma sensação de alívio misturada com entusiasmo em relação ao futuro.

4. ***Expansão***

   Novos produtos, novos mercados e novas pessoas empurram a empresa para a frente com o objetivo de lucrar mais e causar maior impacto. Neste estágio, o planejamento é mais importante que nunca, mesmo que tudo pareça estar transcorrendo tranquilamente.

5. ***Declínio, partida e relançamento***

   Oportunidades perdidas e exaustão podem produzir um declínio gradual na viabilidade da empresa ou talvez uma crise econômica provoque uma queda precipitada e catastrófica nas vendas. Se a empresa ainda estiver prosperando, os proprietários poderão decidir vender e seguir em frente ou talvez buscar força para relançar a empresa com novos produtos, com uma nova visão e uma nova paixão.[6]

As famílias enfrentam ciclos e talvez deparem com mudanças importantes dentro de pouco tempo, provocadas por doenças

[6] The Five Stages of Your Business Lifecycle: Which Phase Are You In? **Entrepreneur**, February 29, 2016. Disponível em: <www.entrepreneur.com/article/271290>.

graves e imprevistas, morte inesperada, formatura, casamento, promoção, perda de emprego, mudança de cidade e dezenas de outros fatores. Em casa, no trabalho e na comunidade eclesiástica, vivemos a tensão entre o agora e o depois. Cada estágio apresenta novas oportunidades, e podemos estar certos de que todos nós enfrentaremos novos desafios à medida que o tempo e as situações mudam.

Algumas pessoas se fortalecem com as mudanças, ao passo que muitas se sentem ameaçadas por elas. A estabilidade é valiosa... até tornar-se a meta principal da comunidade eclesiástica, da empresa ou da família. Visão é um elemento frágil. Pode ser facilmente corroída pelo medo ou pela dúvida, pode ser estilhaçada pelo fracasso ou pela traição, ou pode resistir ao teste do tempo e motivar as pessoas a realizarem mais do que imaginavam. Essas tensões são muito verdadeiras. Os líderes sábios as reconhecem, vivem nelas e ajudam os outros a abraçá-las.

PENSE

1. De que modo a história de uma pessoa a faz retroceder ou a empurra para a frente? Como a história de sua família afetou você? Como continua a afetá-lo?

2. Em sua organização, como você descreveria a tensão entre o fluxo espontâneo e seus sistemas e estruturas? Você está feliz com essa mistura? Por que sim ou por que não?

3. Por que a *programação equilibrada* não é um objetivo razoável? Qual é o objetivo razoável?

4. Que aspectos do antigo sistema continuarão a funcionar e fazer sua empresa deslanchar rumo ao futuro? Como os novos sistemas (ou pelo menos os ajustes importantes no sistema antigo) podem ser vantajosos?

5. Você tende a correr riscos ou opta pela segurança? Necessita fazer ajustes em sua tolerância a correr riscos? Explique suas respostas.

6. Por que é importante entender as fases de uma comunidade eclesiástica, de uma empresa ou de uma família?

APLIQUE

- Ao ler este capítulo, que tensões aqui descritas o fizeram lembrar-se de suas experiências?
- Como você reagiu na ocasião?
- Como deseja reagir da próxima vez?
- Você conhece alguém que esteja enfrentando uma tensão semelhante hoje? Quem?
- Como você pode ajudar essa pessoa a aceitar a tensão, resolver a tensão ou usar a tensão para estimular uma solução inovadora?

7

TENSÕES DIANTE DE ESCOLHAS DIFÍCEIS

A tensão entre o que é de fato e o que sonhamos é importante.
Não para desprezar o que possuímos, mas para manter esse meio-termo,
porque é aí que a mágica acontece.
Susan Branch

Reuni-me com o líder espiritual de uma comunidade grande e em desenvolvimento. Ele me chamou porque se sentia sobrecarregado e não sabia o que fazer. Depois de conversarmos várias vezes e de observar sua liderança, eu lhe disse:

— Estou impressionado com o crescimento da comunidade sob sua liderança, mas você está correndo tanto que parece estar liderando 300 pessoas.

Ele olhou para mim como se eu fosse um extraterrestre, portanto achei que deveria explicar melhor:

— Você continua querendo participar de cada decisão, comparece a todas as reuniões e, pelo jeito, não está fazendo distinção entre as tarefas que precisam ficar sob seu controle e as que pode delegar a outras pessoas. Considerando o porte da sua comunidade, o número de tarefas que você precisa manter em sua lista de prioridades deve ser claramente limitado, mas, neste momento, parece sem limites.

Ele demonstrou um ar de perplexidade, mas finalmente conseguiu desembaçar aquilo que o frustrava havia tanto tempo.

— Qual é a primeira coisa que preciso fazer? — ele perguntou.

— Pense em você como CEO — respondi.

— E daí?

Sorri.

— Você vai precisar reorganizar tudo para ter certeza de delegar tarefas corretamente e vai continuar a manter controle do andamento das coisas. Vai continuar a ser o líder espiritual da comunidade, mas a maneira de administrar os sistemas vai ser muito diferente. É preciso medir claramente o crescimento, ter um sistema eficaz de relatórios, suas reuniões serão mais focadas, e é bem provável que você tenha de fazer algumas mudanças na equipe de assistentes porque algumas responsabilidades serão transferidas de você para eles. Em breve, você vai saber quem são suas estrelas de primeira grandeza e quem são aqueles que sabem atuar em várias posições ou áreas. Você focará os relacionamentos em andamento com pessoas que acreditam em sua visão e serão colaboradores financeiros. Identificará os 20% das pessoas responsáveis por 80% das doações e os 5% que ofertam 50%.

Eu pude ver as rodas girando em sua mente. Decidi que era suficiente, portanto disse-lhe:

— Este é o segundo passo... e, por ora, seu último passo.

Demos boas risadas. Nos meses seguintes, tivemos conversas maravilhosas sobre as numerosas decisões muito difíceis que ele estava tomando durante a transição. Para ele, não era apenas uma transição; era uma mudança importante para sua equipe de liderança. E eles conseguiram. O líder tomou decisões corajosas para deslocar algumas pessoas de sua equipe para novas funções, contratar outras, criar novos sistemas, comunicar-se adequadamente e com frequência e acalmar o medo de muitos que receavam não ter um cargo para ocupar. Em pouco tempo, ele se sentiu confortável em sua nova função dupla de líder espiritual e CEO, e a equipe confiou nele e nos colegas para cumprirem suas responsabilidades redefinidas. A comunidade eclesiástica continuou a crescer, a maioria dos integrantes da equipe de assistentes aceitou o desafio e o líder não se sentiu mais sobrecarregado.

STARTUPS E CRESCIMENTO

Como já vimos, enfrentamos tensões em todas as áreas de atuação, em todos os relacionamentos e em todas as fases da vida. Uma das épocas em que os líderes sentem muita tensão desordenada é após o início, tanto nos negócios quanto nas comunidades eclesiásticas. A visão inicial e o lançamento produzem adrenalina suficiente para fornecer energia a uma cidade pequena, mas todo empreendedor enfrenta escolhas importantes que causam impacto — para melhor ou para pior — nos anos seguintes. Essas escolhas são responsáveis pelo sucesso ou fracasso do empreendimento em si.

Nas empresas, as estatísticas são assombrosas. Os fundadores raramente se tornam CEOs vitoriosos no decorrer da vida de sua empresa. As características que os levaram a idealizar e lançar a empresa não são as mesmas necessárias para transformá-la em um empreendimento estável. Em "The Founder's Dilemma" [O dilema do fundador], publicado na *Harvard Business Review*, Noam Wasserman relatou sua pesquisa sobre as *startups*:

> Todo aspirante a empreendedor deseja ser um Bill Gates, um Phil Knight ou uma Anita Roddick, todos fundadores de uma grande empresa, que dirigiram por muitos anos. No entanto, os

> CEOs fundadores de *startups* pertencem a uma classe muito rara. Quando analisei 212 *startups* americanas que desabrocharam no fim da década de 1990 e no início da década de 2000, descobri que a maioria dos fundadores se sujeitou ao controle de administração tempos antes de as empresas se tornarem públicas. Na ocasião em que os empreendimentos já haviam completado três anos, 50% dos fundadores não eram mais o CEO da empresa; no quarto ano, somente 40% continuavam a ocupar a sala principal; e menos de 25% conduziam as ofertas públicas de ações quando iniciaram a empresa. Posteriormente, outros pesquisadores descobriram tendências semelhantes em várias indústrias e em outros períodos de tempo. Lembramo-nos do punhado de CEOs fundadores de empresas nos Estados Unidos, porém eles são exceção à regra.[1]

Wasserman constatou que quatro entre cinco empreendedores são forçados a renunciar ao cargo porque os investidores insistem em alguém com mais competência em administração. Antes desse dia fatídico, os fundadores normalmente imaginam que os investidores acreditam neles e são leais a eles, portanto a maioria fica chocada com essa exigência. A resistência dos fundadores ecoa entre os funcionários que eles haviam trazido e nos quais acreditavam muito mais que nos investidores.

Com raras exceções, os fundadores enfrentam escolhas difíceis logo depois que a empresa é lançada. Precisam decidir se seu objetivo principal é ganhar dinheiro para si próprios ou dirigir uma empresa de sucesso. Se quiserem enriquecer, podem fazer um acordo com os investidores e sair com um dinheiro considerável; se quiserem dirigir uma empresa vitoriosa, têm de determinar em que função se encaixam melhor... e quase sempre não é a de CEO.

1 February, 2008. Disponível em: <hbr.org/2008/02/the-founders-dilemma>.

De uma forma ou de outra, a ligação emocional até a ideia inicial do produto, as primeiras incursões no mercado, a contratação de pessoal entusiasmado e o investimento de longas horas levam os fundadores a considerar sua empresa como *meu bebê*. A tensão com os investidores é, às vezes, intensa e ameaçadora. Os fundadores acreditam que conquistaram a confiança de todos por terem dado tudo o que possuíam em favor do sucesso da nova empresa; contudo, os investidores olham com frieza para os lucros — e dispensam os sentimentos. Insistem em sistemas melhores, em chefes de seção mais competentes e em administração financeira mais eficiente. Os investidores também exigem ter o poder de controlar quem faz parte do conselho, inclusive na seleção do presidente do conselho. Em todas essas decisões, o empreendedor sente-se deslocado, em geral porque *está* deslocado!

Da mesma forma que os fundadores no mundo dos negócios, os implantadores de comunidades eclesiásticas têm uma ideia, um sonho e normalmente um grupo pequeno de pessoas que aceitou a visão.

Com o tempo, os empreendedores têm de fazer a escolha difícil entre riqueza e controle. Se, para eles, definição de sucesso é ocupar a posição mais alta, poderão manter o controle, mas com o sacrifício de perder alguns investidores. Se cederem às exigências dos investidores por um novo líder, poderão sair com mais dinheiro no bolso, mas talvez decepcionados porque agora há outra pessoa no comando. Ou esse pode ter sido o plano dos empreendedores desde o início.

Os implantadores de comunidades eclesiásticas são uma classe diferente do restante de nós. Da mesma forma que os fundadores no mundo dos negócios, eles têm uma ideia, um sonho e normalmente um grupo pequeno de pessoas que aceitou a visão. Em vez de investidores angelicais, em geral eles recebem apoio de uma comunidade mãe ou da denominação, de uma organização implantadora de igrejas ou da própria família. Quase sempre é uma mistura de tudo isso. Relativamente, poucos implantadores de comunidades eclesiásticas participaram de lançamentos de outras comunidades antes. Há amigos que lançaram comunidades eclesiásticas, visitaram comunidades recém-implantadas e frequentaram cursos preparatórios, mas, na verdade, isso é novidade para eles.

QUATRO ESTÁGIOS DE COMPETÊNCIA

Cinco décadas atrás, o gestor de administração Martin M. Broadwell identificou "os quatro níveis de ensino".[2] Poucos anos depois, Paul R. Curtiss e Phillip W. Warren usaram o modelo dinâmico de Broadwell em *The Dynamics of Life Skills Coaching* [A dinâmica do *coaching* para as habilidades da vida]. Podemos aplicar os quatro estágios de competência para o líder do lançamento de uma comunidade eclesiástica:

1. *Incompetência inconsciente*
   Eles não sabem que não sabem. A arrogância ou as suposições (ou ambas) criam enormes dores de cabeça, mesmo no início.
2. *Incompetência consciente*
   À medida que estuda e aprende, o líder espiritual iniciante começa a perceber que desconhece totalmente o assunto. O líder sábio entende que tem muito a aprender e, de modo semelhante a uma esponja, absorve toda a informação que encontra.
3. *Competência consciente*
   O implantador de comunidade eclesiástica adquiriu conhecimento, aprimorou suas habilidades e recrutou

[2] Teaching for Learning (XVI), February 20,1969. Disponível em: <edbatista.typepad.com/files/teaching-for-learningmartin-broadwell-1969-conscious-competence-model.pdf>.

algumas pessoas talentosas, entusiasmadas e realistas. O líder e a equipe são totalmente sinceros a respeito da tarefa que têm diante deles e estão determinados a reunir todos os recursos necessários para fazê-la funcionar.

4. *Competência inconsciente*

   Com experiência suficiente e a sabedoria conseguida por meio de sucessos e fracassos, a tarefa de lançar e liderar uma nova comunidade eclesiástica passa a ser natural e automática para alguns implantadores de comunidades eclesiásticas. Essa pessoa torna-se um recurso valioso para outras que estão ansiosas por aprender.[3]

LÍDER ESPIRITUAL E CEO

Conforme vimos, à medida que as comunidades crescem, os líderes espirituais enfrentam outra escolha difícil: continuar a ser líder de todos ou mudar para um estilo diferente de liderança como CEO. A visão não muda, e os valores intrínsecos não são diluídos, mas o conceito do líder espiritual a respeito de sua função muda para que ele se torne um líder visionário. A mudança interfere em como as reuniões são conduzidas, quem participa dessas reuniões, como a equipe de liderança é estruturada, os critérios para contratação e promoção e o processo de tomada de decisões. Normalmente, essas mudanças surpreendem algumas pessoas, emocionam outras e causam preocupação entre muitas que gostariam de saber o que a mudança significa para elas. Na verdade, quem mais gostaria de saber talvez seja o líder espiritual. Ele trabalhou diligentemente e com competência durante muitos anos, tendo um conceito particular de sua função, portanto

[3] Training Research and Development Station: Prince Albert, Saskatchewan, 1973. p. 89.

sente-se desconfortável — e talvez sinta que é um erro! — até pelo fato de ter pensado nessa mudança de estilo e identidade.

As comunidades eclesiásticas podem crescer até ter 250 ou 300 participantes com o líder espiritual em sua função original, mas, para crescer além disso, será necessária uma transição. Significa, claro, que a função de líder espiritual será dividida com outros da equipe. Ele continuará a liderar alguns membros da comunidade, mas, com o crescimento desta, ele não terá condições de cuidar pessoalmente de todos. Quando a comunidade era pequena, ele gastava até metade de seu tempo cuidando de pessoas, mas, com seu crescimento, uma parte muito maior de seu tempo será investida no trabalho característico de um CEO: estudar opções, dar instruções, lançar visão, criar uma cultura, tomar decisões importantes, providenciar recursos e acompanhar o andamento dos trabalhos para que tudo transcorra dentro do cronograma.

Pelo fato de prestar consultoria a líderes espirituais durante muitos anos, tenho observado que alguns deles lutam com a função dupla. Explico que eles continuam a ser líderes espirituais mesmo depois de acumular a função de CEO e que precisam exercer as duas funções ao mesmo tempo. Em determinado ponto, uma tem prioridade sobre a outra — e isso se torna complicado. Para a equipe remunerada, eles são, acima de tudo, o CEO que os lidera na administração dos negócios da comunidade. No entanto, quando um membro da equipe ou um líder leigo apresenta uma necessidade pessoal, eles atuam como líder espiritual. Os membros da comunidade os consideram líder espiritual em primeiro lugar e CEO dela em segundo lugar. Essa é uma distinção crucial: se o líder espiritual não entender isso, porá os projetos antes das pessoas. Se considerar as pessoas principalmente como meio de realizar seus projetos, ele as usará em vez de cuidar delas; ameaçará, fará pressão ou as elogiará para manipulá-las a fim de conseguir levar seus planos adiante. Mais cedo ou mais tarde (geralmente mais cedo), as pessoas que ele lidera ficarão divididas — a favor dele ou contra ele. Isso, creio eu, é a fonte de muita tensão nas comunidades de hoje. A mudança para uma função dupla viável talvez seja necessária, mas não é fácil nem rápida. Necessita ser tratada com sabedoria e humildade.[4]

A mudança, no entanto, apresenta alguns riscos. Se o líder espiritual dedicar-se principalmente à função de CEO, poderá apresentar os projetos diante das pessoas e tratá-las como peças dentadas em uma engrenagem acelerada. Quando isso acontece, elas se sentem usadas e manipuladas, acreditando que as palavras fortes do líder espiritual são ameaçadoras e que suas palavras de afirmação não passam de bajulação. Existe confiança quando os líderes atuam em primeiro lugar como líderes espirituais e depois como CEOs.

A compaixão é uma característica valiosa, mas não deve obscurecer nossos pensamentos e ações a respeito de alguém cuja atitude esteja envenenando a equipe.

A distinção é importante para toda a equipe remunerada da comunidade eclesiástica porque eles entendem que foram contratados por causa do que sabem e do que podem fazer, mas poderão ser demitidos por quem são. Em outras palavras, a atitude é tudo. É comum eu observar líderes mudarem da função de CEO, que precisa demitir alguém, para a função do líder espiritual, que dá ao funcionário uma segunda chance... e quase sempre uma terceira e uma quarta e... A compaixão é uma característica valiosa,

4 Para mais informações sobre a função dupla de pastor e CEO, leia meu livro **Who's Holding Your Ladder**. New Kensington, PA: Whitaker House, 2016. p. 34-38.

mas não deve obscurecer nossos pensamentos e ações a respeito de alguém cuja atitude esteja envenenando a equipe. Nosso carinho pode ser demonstrado no modo em que ajudamos as pessoas a fazerem as transições necessárias fora da equipe.

Quando leio o relato de Lucas a respeito da igreja primeva no livro de Atos dos Apóstolos, na Bíblia, vejo várias decisões tomadas pelos apóstolos como se fossem CEOs. No dia de Pentecoste, eles lançaram uma grande visão e, em seguida, organizaram as pessoas em grupos para cuidar de suas necessidades. Quando o sistema não funcionou e as viúvas de origem grega se sentiram menosprezadas, os apóstolos não enterraram a cabeça na areia. Encararam o problema, perceberam que o sistema não atendia às necessidades das pessoas, mudaram-no e recrutaram pessoas certas para conduzi-lo. Quando aquela comunidade cresceu e foi dispersada pela oposição, eles mudaram a sede de Jerusalém para Antioquia.[5] Jerusalém era o centro da vida religiosa para os judeus e para o novo grupo de cristãos, mas Antioquia era um centro comercial. Dali, o comércio espalhava-se por todo o império; dali, o evangelho pôde espalhar-se para os mesmos lugares. Os apóstolos estavam cumprindo a comissão de Jesus de pregar o evangelho a todas as nações, não apenas aos judeus na Palestina.

Depois que Paulo teve um encontro com Jesus na estrada de Damasco e passou alguns anos se preparando para a função de líder de comunidade eclesiástica, ele e Barnabé iniciaram sua primeira viagem missionária. Quando retornaram, ouviram notícias surpreendentes: alguns gentios haviam se convertido ao cristianismo! Alguns líderes insistiram para que esses gentios se convertessem ao judaísmo e seguissem a Lei para serem cristãos.[6] Essa foi, de acordo com a observação de um sociólogo, a primeira grande crise na

[5] V. Atos 11.19-26.

[6] V. Atos 15.

história da igreja cristã. Se Tiago e o Concílio de Jerusalém determinassem que os gentios tinham de tornar-se judeus para serem cristãos, o novo movimento continuaria a ser apenas uma ramificação do judaísmo. No entanto, se determinassem que a fé em Cristo era tudo de que os gentios necessitavam para serem membros do corpo de Cristo, o movimento poderia expandir-se exponencialmente. Atuando como um CEO na prática, Tiago levantou-se para falar e tomou a difícil decisão de contrariar os líderes fervorosos e articulados que se opunham a ele... e a comunidade eclesiástica iniciante cresceu entre os gentios. A maioria dos leitores deste livro e eu fazemos parte da igreja cristã graças a essa monumental decisão.

Alguns anos depois, Paulo misturou suas habilidades de estudioso, de liderança espiritual e de CEO para implantar igrejas, ajudá-las a crescer e multiplicar a liderança por todo o mundo romano. Em Filipos, ele conheceu Lídia, uma mulher próspera no mundo dos negócios.[7] A pessoa seguinte que Paulo encontrou foi uma jovem escrava que estava possuída por um demônio. Paulo expulsou o demônio dela, e os proprietários da jovem ficaram indignados. No entrevero subsequente, Paulo e seu companheiro Silas foram presos e atirados na parte mais profunda de uma masmorra, onde tiveram os pés amarrados em um tronco. Enquanto cantavam hinos de louvor naquela noite, Deus promoveu um terremoto para quebrar os grilhões e abrir as portas das celas de toda a prisão. Envergonhado por imaginar que os prisioneiros haviam fugido, o carcereiro estava prestes a cometer suicídio, mas Paulo o deteve e conduziu o carcereiro e sua família a Cristo. A comunidade eclesiástica em Filipos começou com uma negociante próspera, uma jovem escrava liberta e a família de um carcereiro. Posteriormente, Paulo escreveu sua carta mais cativante para agradecer-lhes pelo apoio.[8] Em cada cidade em que Paulo

7 V. Atos 16.

8 V. Filipenses.

implantou comunidades eclesiásticas, os líderes foram encorajados a ser líderes espirituais e CEOs. Quando lemos suas cartas às igrejas e a Tito e Timóteo, vemos essa poderosa mistura de funções.

DECISÕES MAIS IMPORTANTES E MENOS IMPORTANTES

"Todos os homens são criados iguais"— mas não nossas decisões. Tomamos numerosas decisões todos os dias, e muitas são tão automáticas que nem sequer pensamos nelas. No entanto, se analisarmos nossas escolhas feitas durante a vida, a maioria de nós é capaz de identificar algumas decisões importantíssimas que determinaram a qualidade e o rumo de nossa vida. Sou capaz de identificar quatro: imigração para os Estados Unidos em 1973; casamento com Brenda em 1979; afastamento da função de líder espiritual para ser reitor de faculdade em 1989; e renúncia ao cargo de reitor de faculdade em 2003 para ser consultor de liderança em tempo integral. Essas quatro decisões são infinitamente mais importantes do que escolher o que vou comer no desjejum de amanhã, que camisa vou usar, que caminho vou seguir no trânsito e todas aquelas inúmeras decisões que tomei ou vou ter de tomar hoje. Posso escolher o que mais me agrada ao paladar, apresentar-me com uma aparência melhor, chegar atrasado ou no horário, mas elas não afetam minha vida de forma material.

O princípio da magnitude relativa nas decisões aplica-se a todas as áreas da vida. Nas reuniões, vinte ou mais decisões são apresentadas diante do líder e da equipe, mas normalmente uma ou duas são mais importantes que as restantes. A decisão do local onde a casa vai ser construída é *a* decisão; a cor da sala de visitas é uma das *numerosas* decisões. Escolher o arquiteto ou o planejamento é *a* decisão; escolher a empresa que instalará o *drywall* é uma entre muitas.

Os líderes de empresa e de comunidades eclesiásticas precisam averiguar quais são as decisões mais importantes em cada reunião realizada com a equipe, com a diretoria e com os comitês de planejamento estratégico. Se todas as decisões parecem igualmente importantes, eles não dedicam a atenção necessária às poucas que merecem mais estudo e ponderação. Muitos de nós consideramos os itens de uma pauta de trabalho como um simples *checklist*. Depois de colocarmos um tique ao lado de cada um, todos parecem iguais. Há, no entanto, uma grande diferença entre as duas ou três decisões mais importantes e as demais. É aconselhável colocar ao menos uma estrela ao lado delas antes da reunião para ter certeza de que você gastará muito tempo com cada uma. Na verdade, recomendo três categorias de importância: alta, média e baixa. Caso você não consiga tratar das decisões menos importantes, poderá incluí-las na lista da semana seguinte.

> **Os itens de uma pauta de trabalho são mais que um simples *checklist*. O tempo gasto com eles deve basear-se nas prioridades: se são altas, médias ou baixas.**

Quais são as características das duas ou três decisões mais importantes? Quando olho para a lista dos itens da pauta de trabalho, faço instintivamente duas perguntas:

1. Que decisões têm um impacto sustentável? Em outras palavras, quais são as implicações no longo prazo?
2. Quais as que têm impacto amplo e profundo?

Não demorei para perceber que a maioria das decisões na pauta de trabalho não está à altura desses critérios. Não digo que sejam irrelevantes, mas não necessitam da mesma atenção dada às decisões de alta prioridade. Os líderes eficientes concentram-se nas coisas mais importantes. Talvez até deixem algumas decisões a cargo da equipe e peça um relatório para ser apresentado na semana seguinte. Nem tudo tem de ser decidido pelo posto mais alto de liderança.

Quando consideramos todas as decisões como se fossem iguais — e talvez as mais fáceis como mais importantes porque, ao assinalá-las como resolvidas, temos a sensação rápida de *vitória* —, subestimamos as *principais* e supervalorizamos todas as secundárias. Também deixamos de lado os devidos cuidados para descobrir os pontos que nos ajudam a tomar as decisões certas quanto às que são as mais importantes.

Evidentemente, fazer essa distinção é uma forma de treinar todos os integrantes da equipe para priorizar algumas decisões. Eles também realizam reuniões com as equipes deles e serão líderes mais eficientes se focarem o que é mais importante. Depois disso, poderão treinar seus liderados.

Quando consideramos todas as decisões como se fossem iguais [...], subestimamos as *principais* e supervalorizamos todas as secundárias.

Um dos fatores que determina as prioridades de pelo menos alguns líderes não é a resposta às duas perguntas que fiz anteriormente. A principal preocupação deles é como as pessoas vão reagir à decisão e, assim, mudam de ideia com base na reação da equipe. Isso não é ser líder; é ser liderado.

Quando eu era reitor de faculdade, *a* decisão era focar a atenção nos alunos adultos. Isso provocou muitas decisões subsequentes, como mudar a configuração das salas de aula e substituir as carteiras por mesas e cadeiras almofadadas para promover bem-estar e colaboração, iniciar aulas noturnas e instituir programação em bloco, para que os alunos fossem à faculdade apenas algumas noites por semana em vez de todas as noites. Acidentalmente, logo depois que implementamos as mudanças, percebi que praticamente todos os alunos que iam à faculdade de carro se reuniam durante um período de três horas à noite, portanto nossas vagas limitadas de estacionamento não eram suficientes. Constatei essa realidade quando cheguei de carro à noite e não encontrei vaga para estacionar. A decisão de focar os alunos adultos teve um impacto sustentável, amplo e profundo.

O panorama corporativo está atulhado de empresas que não identificam as perguntas mais importantes nem respondem a elas. A Blockbuster fez a transição de VHS para DVD, mas não produziu filmes em *streaming*. Quando a Netflix e a Amazon entraram no mercado, a Blockbuster ficou para trás. A Dell foi a queridinha do mundo dos computadores, mas só por algum tempo. Ela inovou ao vender diretamente aos clientes, mas não percebeu que os dispositivos móveis eram a nova onda em tecnologia e não entrou no novo mundo. A Eastman Kodak monopolizou o mercado de câmeras fotográficas e tornou sua marca conhecida por seus filmes coloridos e câmeras Instamatic. No entanto, quando as câmeras digitais despontaram com toda a força na década de 1980, o modelo de negócios da Kodak tornou-se obsoleto. A Sears, a Toys "R" Us e outras lojas físicas estão sendo esmagadas pelos varejistas *on-line*. As que se aventuraram a entrar no mercado *on-line* estão competindo com a gigante Amazon, mas o resto está lutando para sobreviver ou jogando a toalha. Em todos os casos, os líderes da empresa viram as tendências, mas não tomaram a decisão certa ou não viram a escolha em primeiro lugar.

Hoje, muitas pessoas se casam com uma cláusula de fuga implícita: se as coisas ficarem difíceis, as coisas não tão difíceis vão continuar! No casamento, *a* decisão é permanecer casado. Então, quando se veem em situações difíceis, não procuram uma saída; procuram um caminho de volta. Também têm de tomar decisões importantes sobre como vão gastar, economizar e investir o dinheiro; como vão criar os filhos; onde vão morar; como priorizar o trabalho; como se relacionar com sogros e cunhados. Quanto a Brenda e a mim, uma das escolhas mais importantes que fizemos foi que nos esforçaríamos para ensinar às nossas filhas a arte de tomar decisões.

A maioria de nós não pensa muito na tensão entre as decisões mais importantes e as menos importantes, mas, se dermos atenção a elas, passaremos mais tempo procurando acertar nas decisões mais importantes.

O ÓBVIO E O NÃO ÓBVIO

Sua esposa já lhe lançou *aquele olhar* em uma festa ou jantar de negócios, gesticulando delicadamente para indicar que há um pedacinho de espinafre no dente ou uma migalha de pão em seu lábio? E você pensou que todos estavam olhando para você porque tem uma personalidade sedutora! O espinafre ou a migalha de pão eram óbvios para ela (e para todos à mesa), mas para você não era óbvio.

A verdade é que o sapato cabe no pé de todos. Às vezes, somos os únicos que não vemos algo que é óbvio para as outras pessoas, mas, de vez em quando, elas não veem algo que é óbvio para nós. Uma pessoa pode ser mais observadora que outra, mas, se aprofundarmos um pouco mais, ela pode ser mais perceptiva e mais capaz de *ler* os outros. Para algumas, essa característica extraordinária é simplesmente um talento concedido por Deus; outras, porém, podem ter sofrido violência verbal, física, emocional ou sexual e passaram a ser *supervigilantes* a ponto de permanecer na defesa diante de cada tom de voz, cada gesto e cada movimento da linguagem corporal para não serem magoadas de novo.

Conheço pessoas que são incrivelmente perceptivas a respeito de sistemas e processos, mas desconhecem completamente o que causa entusiasmo ou desânimo no pessoal de sua equipe. Também conheço muitas pessoas que são maravilhosamente perceptivas em relação às pessoas, mas ficam com o olhar perdido quando falo de relatórios sobre estruturas, sistemas de comunicação e processos de tomada de decisão.

Como líderes e pais, vemos realidades que nossos liderados e filhos não veem. Muitos de nós nos frustramos e resmungamos: "Como eles não veem isto? É tão óbvio!". O simples fato é que, em algum momento do passado, estivemos no lugar onde eles estão agora... e talvez não tenha sido tanto tempo atrás. Seja qual for a distância que percorremos, ainda há muitas coisas que não vemos, não entendemos e não percebemos. Esse fato nos dá uma dose saudável de humildade... e paciência. Concluímos que a falta de habilidade das pessoas em ver o que nós vemos não as torna incompetentes ou até mesmo incapazes. Apenas adquirimos um pouco mais de maturidade e afiamos um pouco mais nossa percepção. Nosso valor não está envolto naquilo que sabemos e vemos, e o valor das outras pessoas não é diminuído por desconhecerem o que sabemos e vemos.

Nosso valor não está envolto naquilo que sabemos e vemos, e o valor das outras pessoas não é diminuído por desconhecerem o que sabemos e vemos.

Em seu mais famoso sermão, Jesus apresenta uma ilustração que deve ter provocado riso nas pessoas. Trata-se da percepção e da tendência que temos a condenar outros com severidade:

> "Por que você repara no cisco que está no olho do seu irmão e não se dá conta da viga que está em seu próprio olho? Como você pode dizer ao seu irmão: 'Deixe-me tirar o cisco

> do seu olho', quando há uma viga no seu? Hipócrita, tire primeiro a viga do seu olho, e então você verá claramente para tirar o cisco do olho do seu irmão".[9]

Imagine a cena desta ilustração: um amigo tem um cisco minúsculo no olho. Fecha e abre o olho e coça-o. Você quer tirar o cisco, mas há uma estaca projetando-se do seu olho! Você não consegue enxergar nada. Jesus diz: "Acorde! Tenha a percepção de ver seus problemas antes de tentar corrigir a visão dos outros!". Significa que devo ficar mais preocupado com meu orgulho, minha autoconfiança inflada e meu amor exagerado por meus talentos do que com as limitações dos que me rodeiam. A humildade é uma coisa rara e bela. A escolha difícil é ter coragem de admitir nossas falhas, nossa insignificância e nossa falta de amor — mas é exatamente isso que é exigido de nós. Então, e somente então, é que teremos a bondade e a gentileza de tirar o cisco do olho de outra pessoa.

LÍDER E SERVO

O especialista em organização Tom Peters disse que a fórmula para o sucesso é simples: "As organizações existem para servir. Ponto. Os líderes vivem para servir. Ponto".[10] Nas últimas décadas, tenho ouvido muito sobre *liderança servidora*. Esse conceito nunca se tornará obsoleto. Toda pessoa em posição de liderança vive na tensão entre liderar (tomar a dianteira e desafiar as pessoas a atingirem níveis mais altos) e desenvolver (estar ao lado para ajudar as pessoas a darem os passos seguintes). Encontramos a mesma mistura de funções na expressão "líder

[9] Mateus 7.3-5.

[10] Excellence Now, TomPeters! Blog <tompeters.com/quote/13381>.

espiritual visionário". Quase meio século atrás, Robert Greenleaf criou a expressão "líder servidor". Ele escreveu:

> O líder servidor é servo em primeiro lugar [...]. Começa com a sensação natural de que sirva primeiro quem deseja servir. Depois a escolha intencional traz alguém que aspira à liderança. Essa pessoa é nitidamente diferente daquela que é líder em primeiro lugar, talvez em razão da necessidade de abrandar um impulso incomum de poder ou de adquirir bens materiais. [...] O líder em primeiro lugar e o servo em primeiro lugar são dois extremos. Entre eles há sombras e misturas que fazem parte da infinita variedade da natureza humana.
>
> A diferença manifesta-se no cuidado que o servo em primeiro lugar tem para garantir que as necessidades de alta prioridade das outras pessoas sejam atendidas. O melhor teste, e o mais difícil de administrar, é: os que foram servidos crescem como pessoas? Enquanto são servidos, ficam mais saudáveis, mais sábios, mais livres, mais autônomos e mais propensos a se tornarem servos? E qual é o efeito sobre os menos privilegiados na sociedade? Serão beneficiados ou ao menos não serão excluídos mais tarde?
>
> O servo-líder concentra-se primeiramente no crescimento e no bem-estar das pessoas e da comunidade à qual pertence. Embora a liderança tradicional inclua, em geral, o acúmulo e o exercício de poder por aquele no "ponto mais alto da pirâmide", a liderança servidora é diferente. O servo-líder compartilha o poder, põe as necessidades dos outros em primeiro lugar e ajuda as pessoas a desenvolverem e executarem suas funções da melhor forma possível.[11]

[11] The Servant as Leader, 1970. Disponível em: <www.greenleaf.org/what-is-servant-leadership>.

Os líderes que não se debatem com essa tensão estão muito longe da linha de frente e não se importam de voltar para ajudar seus seguidores ou, então, não estão na linha de frente de forma alguma. Aqueles que são chamados para liderar em empresas, comunidades eclesiásticas e famílias necessitam ter uma visão clara e convincente do futuro, aliada à compaixão por aqueles que estão dando passos hesitantes para acompanhá-los.

> Aqueles que são chamados para liderar [...] necessitam ter uma visão clara e convincente do futuro, aliada à compaixão por aqueles que estão dando passos hesitantes para acompanhá-los.

Enfrentamos uma ampla variedade de escolhas difíceis. Podemos tentar fugir dessas tensões se insistirmos em que elas não existem ou pendendo muito para um lado ou para o outro. Os melhores líderes, contudo, aprendem a se sentir confortáveis vivendo na ambiguidade, proporcionando clareza onde podem e conforto quando não podem.

PENSE

1. Quais são as tensões entre a energia e a coragem para iniciar um negócio ou uma comunidade eclesiástica e a tenacidade para continuar se esforçando e crescendo?

2. Se você é líder de uma comunidade eclesiástica, como descreveria a diferença entre as funções de líder espiritual e de CEO? Quando, se existir a ocasião, é bom e certo fazer essa transição?

3. Quais são as quatro ou cinco decisões mais importantes que você tomou na vida? Sua vida poderia ser diferente se você tivesse feito outras escolhas em cada vez? Como?

4. As pessoas acham que você é perceptivo? Explique sua resposta. (Pergunte a seu cônjuge!)

5. Você conhece alguém que seja o melhor exemplo de servo-líder? Quem? Quais são as qualidades dessa pessoa e o impacto que causa nos outros?

APLIQUE

- Ao ler este capítulo, que tensões aqui descritas o fizeram lembrar-se de suas experiências?
- Como você reagiu na ocasião?
- Como deseja reagir da próxima vez?
- Você conhece alguém que esteja enfrentando uma tensão semelhante hoje? Quem?
- Como você pode ajudar essa pessoa a aceitar a tensão, resolver a tensão ou usar a tensão para estimular uma solução inovadora?

8

TENSÕES NA COMUNICAÇÃO

O bom ouvinte não é apenas conhecido em todos os lugares,
mas depois de uns tempos aprende alguma coisa.
Wilson Mizner

Um líder espiritual e sua equipe de liderança pediram-me que me reunisse com eles porque estavam estudando algumas mudanças radicais e não queriam cometer grandes erros. A comunidade eclesiástica tinha vinte e oito anos de organização. A demografia da comunidade ao redor tornara-se mais diversificada, significantemente mais jovem e mais secular. As celebrações e os programas da comunidade permaneceram praticamente iguais por mais de vinte anos, e muitos participantes pareciam ser membros vitalícios. O líder espiritual percebeu que sua comunidade eclesiástica estava se tornando cada vez mais irrelevante na região em que estava.

No decorrer da década anterior, o líder espiritual instituíra algumas poucas mudanças, mas as pessoas de fora não notaram nenhuma diferença; na verdade, muitos participantes não queriam ver nenhuma diferença! As pessoas que compareciam pela primeira vez sentiam-se como se tivessem entrado em uma cena do filme *De volta para o futuro*. Se usassem *jeans* e tivessem tatuagens, eram recebidas mais com olhares enviesados do que com calorosos apertos de mão. Aparentemente, a porta dos fundos era tão larga quanto a porta da frente, e poucos jovens permaneciam ali por mais de uma semana ou duas.

Quando me encontrei com o líder espiritual e sua equipe, eles compartilharam sua visão e plano para mudar a cultura da comunidade eclesiástica, implementar mudanças radicais e alcançar pessoas que se haviam desligado da comunidade nos últimos anos. Na verdade, tive reuniões com várias equipes lideradas por membros da equipe de executivos, e cada um tinha um plano excelente. Juntas, suas ideias e direção formavam um dos planos mais promissores que eu havia visto. Disse-lhes que estava muito impressionado e perguntei como comunicariam seus planos. O líder e a equipe olharam para mim como se eu tivesse falado com eles em uma língua antiga do Oriente Médio.

— Bom — o líder começou a responder lentamente —, não entendi bem o que você disse. Vamos compartilhar a visão e o plano com a comunidade. Está bem claro, não?

— Na verdade, não — respondi. — No decorrer de toda a reunião, apresentei uma estratégia de comunicação. Era algo que eles desconheciam completamente e, claro, nunca haviam imaginado.

COMUNICAÇÃO E EFEITO CASCATA

Havia um quadro branco no escritório do líder espiritual. Peguei uma caneta hidrográfica e comecei a desenhar uma pirâmide com várias linhas horizontais.

— A faixa de cima é você. Você é o responsável por comunicar a visão, a estratégia e o plano de modo claro e convincente. Mas quem é sua audiência principal?

Na segunda faixa, escrevi: "Equipe de liderança".

Perguntei a todos:

— O que aconteceria se o líder espiritual comunicasse o plano à comunidade, mas vocês não fossem informados?

— Ahhh — alguns suspiraram. E um falou em nome de todos: — Seria um desastre!

— Exatamente. Há uma grande diferença entre a eficiência de comunicar uma visão a todos e o efeito cascata quando se comunica a visão a grupos específicos. Vamos falar do que significa efeito cascata. Portanto, os primeiros ouvintes do líder espiritual são vocês. Ele tem o dever de abrir o coração, esclarecer o caminho a ser seguido e mostrar a cada um de vocês como podem envolver-se para levar mais pessoas a Cristo.

A essa altura, eles estavam movimentando a cabeça em sinal de concordância.

— E cada um de vocês terá o papel importante de comunicar a visão ao pessoal da faixa abaixo. — Depois de aguardar alguns segundos para que a informação fosse assimilada, perguntei: — Quem são os próximos ouvintes?

Alguém arriscou:

— Acho que não é a comunidade eclesiástica!

Todos riram.

— Absolutamente certo — respondi. — E quem é, então?

O líder espiritual respondeu:

— Temos de conseguir a concordância do conselho da comunidade formado pelo grupo designado. Sem eles...

Não foi necessário completar a frase.

Perguntei:

— Há líderes importantes na comunidade que não fazem parte do conselho?

Alguém respondeu:

— Claro!

O líder espiritual interveio:

— Estou pensando que seria bom deixar os doadores principais bem informados antes de comunicarmos ao restante da comunidade, para que fiquem entusiasmados com sua participação.

— Agora vocês entenderam! E sucessivamente cada um que estiver na faixa de cima comunicará a visão e a estratégia aos da faixa abaixo.

Alguém fez um aparte:

— Dessa forma, o número de pessoas que compartilhem a visão será cada vez maior.

— Exatamente.

Um dos integrantes da equipe perguntou:

— Muito bem, entendi, mas quando vamos comunicar à comunidade?

Escrevi "Comunidade espiritual" na faixa abaixo e disse:

— Somente quando houver a concordância de todos os que estão na faixa acima dela na pirâmide.

— E quem estará na faixa abaixo da comunidade espiritual? — alguém perguntou.

— A comunidade. Quando o entusiasmo aumentar com o tempo, os membros de sua comunidade eclesiástica vão falar da visão aos amigos e conhecidos. E a imprensa local vai querer divulgar informações sobre o que vocês estão fazendo.

O líder espiritual recostou-se na cadeira e ponderou:

— Então... precisamos de uma estratégia de comunicação que provoque gradualmente o entusiasmo, inclua mais pessoas, responda a mais perguntas e que haja mais gente comunicando a visão à faixa abaixo; assim, o sucesso não vai depender apenas de mim para que todos concordem.

O líder espiritual sorriu.

— Sam, que nome você dá a isto?

— Comunicação em cascata.

Àquela altura, a pirâmide já estava completa.

A pirâmide é uma das maneiras utilizadas para que a comunidade eclesiástica se organize. A sua poderá ter mais faixas ou menos faixas. Veja esta:[1]

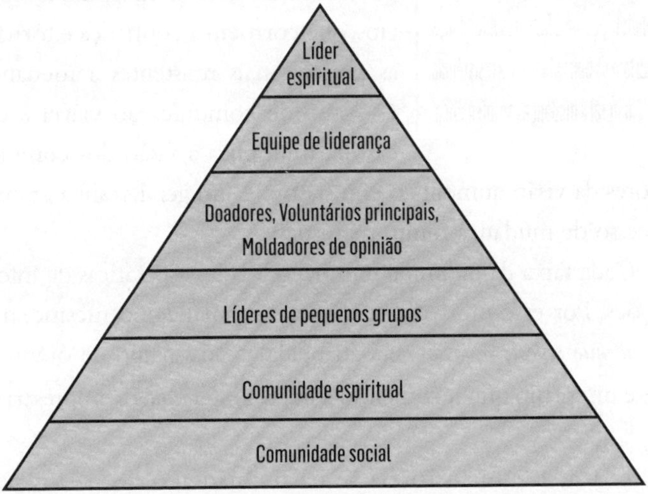

Passamos o restante da reunião falando sobre a estratégia da comunicação em cascata: quem, quando, onde e como. A comunicação da visão à comunidade eclesiástica e à comunidade social só deverá ser feita depois que cada faixa da pirâmide estiver informada, encorajada e disposta a transmitir a mensagem de mudança.

1 Muitas organizações usam o conceito de comunicação em cascata. Por exemplo, consulte Cascading Communication: Sending Out Your Message to the Entire Organization, Center for Management & Organizational Effectiveness. Disponível em: <cmoe.com/blog/cascading-communication-sending-message-entire-organization>.

Poderá haver problemas se os líderes comunicarem a visão muito rápido e a muitas pessoas. Quase sempre, rumores infundados encurtam os bons planos, e a resistência natural a mudanças se intensifica em vez de ser vencida. Essa, creio eu, é uma das lutas mais comuns enfrentadas pelas organizações quando seus líderes lançam uma nova visão e tentam pôr os planos em prática. A falta de uma estratégia de comunicação cria medos desnecessários, que corroem a confiança e tornam as pessoas mais resistentes à mudança. O plano de comunicação viável e em cascata multiplica a visão dos comunicadores da visão, aumenta o entusiasmo e, em geral, resulta em um processo de mudança muito mais suave.

Poderá haver problemas se os líderes comunicarem a visão muito rápido e a muitas pessoas. Rumores infundados encurtam os bons planos, e a resistência natural a mudanças se intensifica.

Cada faixa da pirâmide tem necessidades específicas de informações. Por esse motivo, o esqueleto permanece o mesmo, mas a *carne que reveste os ossos* será adaptada a cada grupo de ouvintes. Este é um plano que recomendo a líderes espirituais e empresariais:

1. Cada reunião baseia-se na reunião anterior — as pessoas da segunda faixa participam da reunião da terceira faixa, as da terceira faixa participarão da reunião da quarta faixa e assim por diante.
2. Em cada reunião, comunique por que você está falando àquele grupo específico. Em outras palavras, comunique como cada grupo pode contribuir especificamente para que a visão seja concretizada.
3. Na reunião, diga palavras de afirmação às pessoas das faixas anteriores (que estiverem na sala) para que demonstrem comprometimento com o projeto.
4. Use sempre exemplos e ilustrações relevantes à faixa à qual você está comunicando. Por exemplo, as vantagens

que você descreve à equipe de liderança serão um pouco diferentes daquelas que explicará aos doadores principais ou aos líderes de pequenos grupos ou à comunidade.

5. Comunique uma direção clara, detalhes suficientes e uma dose certa de emoção, para que as pessoas saibam que a visão é muito importante para você.
6. Para as primeiras duas ou três faixas, não abra oportunidades para perguntas e respostas porque provavelmente você ainda não terá informações suficientes, e não será bom se disser "Não sei" muitas vezes. Quando receber mais informações e sentir-se mais confortável, abra uma oportunidade para perguntas e respostas à medida que se comunicar com as faixas que estão abaixo.
7. Antes de terminar, pergunte: "Qual é a principal mensagem que vocês receberam nesta reunião?". Isso resulta em duas coisas: primeira, permite que você saiba até que ponto eles entenderam sua visão; segunda, a verbalização dos ouvintes reforça o compromisso deles com a visão. Talvez você perceba que necessita esclarecer um ponto ou ressaltar um detalhe específico para esse grupo.
8. Mesmo quando abrir oportunidades para perguntas e respostas, não encerre a reunião quando elas terminarem. Em vez disso, pergunte que informação eles levam da reunião e, depois, termine com palavras de incentivo acompanhadas de uma frase de encerramento para compartilhar seu coração e sua esperança com a comunidade eclesiástica ou empresa.
9. É possível agrupar várias faixas consecutivas em um sábado, programando de 30 a 45 minutos para cada uma, com um rápido intervalo entre elas. Os pontos a serem discutidos serão os mesmos, mas as ilustrações devem mudar para cada grupo de ouvintes. Cada um participará de pelo menos duas dessas reuniões: a primeira depois de tomar

conhecimento da visão pela primeira vez e a segunda depois que ouvir você comunicar a visão à faixa seguinte.

10. Depois que essa *profunda semeadura* das faixas de líderes foi realizada, faça uma série de mensagens ao auditório, incluindo quatro:

- Primeiro fim de semana: comunique um panorama da visão.
- Segundo e terceiro fins de semana: compartilhe o plano e os benefícios.
- Quarto fim de semana: fale sobre a diferença que a mudança provocará na comunidade espiritual e na comunidade social. Crie um clima de entusiasmo e euforia com camisetas, *banners*, uma página no *site*, postagens nas redes sociais e talvez uma nova música a respeito da visão.

A visão clara e convincente terá três efeitos significativos. São eles:

1. *Sinergize*, reunindo as pessoas para cooperarem e organizando planos para máximo impacto.
2. *Galvanize,* pedindo comprometimento firme e profundo.
3. *Energize,* criando entusiasmo e participação.

Quando o líder pode usar uma estratégia de comunicação em cascata? Sempre que houver uma mudança importante na direção da comunidade eclesiástica ou empresa, sempre que houver a possibilidade de ser mal compreendido e sempre que você previr uma resistência. Em outras palavras, com mais frequência do que você imagina!

A tensão para a maioria dos líderes é que eles são uma plataforma usada para comunicar sua mensagem a todos os ouvintes, mas, quando se trata de mudança de direção da comunidade eclesiástica, eles necessitam ir mais devagar, identificar as faixas de liderança e envolvimento e aguardar pacientemente para conseguir o comprometimento de uma faixa antes de passar para a seguinte.

DA GERAÇÃO SILENCIOSA À GERAÇÃO Z

Centenas de milhares, talvez milhões, de páginas têm sido escritas sobre as diferenças entre uma geração e outra. Não precisamos nos aprofundar nas raízes de todas as diferenças. Ao contrário, quero focar alguns *insights* e princípios que ajudarão os líderes a sintonizar a mente e o coração com pessoas de todas as idades.

Em geral, à medida que as gerações mudam, das mais velhas para as mais novas, as pessoas mudam gradualmente do concreto para o abstrato e emocional. Já analisamos neste livro as diferenças de como cada geração considera o trabalho. Aqui, vamos focar as diferentes maneiras que elas se comunicam.

- A *geração silenciosa* (nascidos entre 1925 e 1945) recebeu esse rótulo porque a maioria das pessoas dessa faixa de idade sofreu durante a Grande Depressão e a Segunda Guerra Mundial, trabalhando demais sem reclamar. O trauma desses dois grandes eventos foi seguido das ameaças da Guerra Fria com a União Soviética e a predileção anticomunista. O povo tinha medo de falar, portanto suas opiniões foram silenciadas. Eles estão saindo rapidamente de cena em nossas comunidades.
- Os *boomers* (nascidos entre 1946 e 1964) visam em geral às metas e valorizam recompensas financeiras e prestígio. Não são muito exigentes quanto a palavras de afirmação.

- A *geração X* (nascidos entre 1965 e 1980) costuma reagir à vontade dos pais e busca um equilíbrio entre trabalho e vida. Ainda assim, são sonhadores. Representam 55% das empresas *startups*.
- Os *millenials* (nascidos após 1980) têm sido estudados incessantemente para descobrir o que os torna diferentes das outras gerações. Muitos administradores tentam saber o que os motiva. Os *millenials* consideram suas habilidades como ativos para obter lucro e estão sempre prontos a encontrar um emprego melhor. Preferem horários flexíveis, e o ambiente de trabalho pode ser mais importante que a remuneração.
- A *geração Z* (nascidos após 2000) progride em tecnologia porque cresceu com ela, embora mais da metade prefira comunicação interpessoal. Um estudo feito pela Deloitte mostra que os jovens desse segmento serão os maiores e os mais diversificados do país nos próximos anos. Uma vez que eles cresceram no rastro da Grande Recessão, os especialistas supuseram que seriam "um grupo pragmático, avesso a riscos, não empreendedor, motivado pela segurança no trabalho". O estudo, porém, revelou um quadro diferente: eles "valorizam menos o salário que as outras gerações: se pudessem escolher entre aceitar uma remuneração mais alta, mas em um emprego maçante, e trabalhar em um ramo mais interessante com remuneração mais baixa, a geração Z ficou claramente dividida quanto à escolha. [...] As empresas e os empregados necessitarão concentrar seus esforços para serem bons cidadãos globais. As ações falam mais alto que as palavras: as empresas precisam demonstrar seu comprometimento

com um conjunto mais amplo de mudanças na sociedade, como sustentabilidade, mudança climática e fome".[2]

Creio que a paixão, os talentos e o idealismo da geração Z têm potencial para ser a maior força em favor do bem desde o aumento dramático no envolvimento social e missões após a Segunda Guerra Mundial.

Temos o hábito de "falar a língua" das pessoas de nossa geração. Os jovens líderes podem interpretar mal a motivação e a lealdade da geração mais velha, e os líderes mais velhos podem interpretar mal a flexibilidade dos jovens como falta de compromisso. Em um artigo para a *Inc.*, o autor cita o treinador corporativo Bruce Mayhew:

> Para administrar várias gerações, temos de aprender a estar atentos uns aos outros e tratar uns aos outros individualmente. Seja qual for a geração a que pertencemos, é fácil demais continuar fazendo o que estamos fazendo agora e agir como cada geração é (ou deveria ser) motivada pelas mesmas coisas que nós. [...] Temos sempre de estar atentos às nossas ações e permanecer abertos para ouvir uns aos outros. Use a habilidade e as metas de cada um.[3]

Os jovens líderes podem interpretar mal a motivação e a lealdade da geração mais velha, e os líderes mais velhos podem interpretar mal a flexibilidade dos jovens como falta de compromisso.

[2] Mawhinney, Tiffany; Betts, Kimberly. Understanding Gen Z in the Workplace. Deloitte. Disponível em: <www2.deloitte.com/us/en/pages/consumer-business/articles/understanding-generation-z-in-the-workplace.html>.

[3] Rampton, John. Different Motivations for Different Generations of Workers: Boomers, Gen X, Millennials, and Gen Z. **Inc.**, October 17, 2017. Disponível em: <www.inc.com/john-rampton/different-motivations-for-different-generations-of-workers-boomers-gen-x-millennials-gen-z.html>.

Muitas pessoas que o rodeiam por muito tempo estão satisfeitas porque sua organização conserva a mesma cultura e os mesmos programas. São resistentes a mudanças, mas essa resistência fecha efetivamente a porta para pessoas criativas, cheias de energia e que trazem uma sensação de aventura. Essa é a tensão que praticamente todos os líderes espirituais sentem. É possível preencher o vazio entre as gerações? Em um artigo publicado na *Christianity Today*, intitulado "The Price of Progress" [O preço do progresso], Stuart Briscoe aconselha os líderes espirituais a perguntarem se uma decisão empurrará a comunidade eclesiástica para a frente ou se a desviará de sua missão principal. Perguntas difíceis, observa o autor, geralmente produzem respostas difíceis. Briscoe conta a história de um encontro inesperado, logo após ter sido nomeado líder espiritual da Elmbrook Church. Ele descobriu que cerca de cem pessoas estavam se reunindo na casa de um casal da comunidade eclesiástica. A notícia foi ótima, mas, em seguida, ele ficou sabendo que todos haviam abandonado a comunidade porque a achavam irrelevante. O líder espiritual decidiu ir à casa para ter um encontro com eles. Quando ele perguntou por que pensavam dessa maneira, um deles decidiu falar:

— A mensagem que entendemos foi que não somos bem-vindos.

Briscoe olhou ao redor para o grupo inteiro e disse:

— Vocês são totalmente bem-vindos. Não apenas bem-vindos; é importantíssimo que vocês voltem imediatamente. Vocês precisam pertencer a uma comunidade de cristãos, e precisamos de sua motivação e entusiasmo.

Duas semanas depois, em um domingo de manhã, eles apareceram na comunidade eclesiástica... e chegaram àquele local tradicional de Briscoe usando camiseta e calça *jeans*. "Uma das mulheres usava calça comprida com uma bandeira americana costurada na parte traseira. Os outros usavam cruzes enormes que pareciam ter sido surrupiadas de um arcebispo." O auditório olhou para eles com uma mistura de desconfiança e horror.

Poucos dias depois, um dos líderes leigos foi ao escritório de Briscoe para expressar sua preocupação. Explicou que ele e a esposa — e muitos outros pais da geração deles na comunidade eclesiástica — haviam se esforçado muito para manter seus filhos adolescentes longe de más influências como os garotos e garotas que haviam ido à celebração naquela semana. Insistiu em que Briscoe os mantivesse afastados dos jovens que frequentavam regularmente as celebrações. Terminou com uma pergunta firme:

— O senhor entende?

— Claro que entendo — Briscoe respondeu. — A política que você está sugerindo é semelhante à usada na África do Sul. Chama-se *apartheid* e baseia-se em preconceito e medo. — Briscoe queria identificar-se com a preocupação do homem, embora continuasse a corrigir sua perspectiva.

Ele prosseguiu:

— Entendo essas emoções porque eu mesmo luto com elas, mas elas estão totalmente fora de lugar na comunidade de cristãos. Assumi o compromisso nesta comunidade eclesiástica com esse tipo de diversidade.

O líder espiritual estava tomando *a* decisão a respeito da direção da comunidade, que resultaria em milhares de decisões como consequência. Podemos até desconfiar que o leigo saiu da reunião bufando de raiva, mas não. Ao perceber que Briscoe não arredaria pé, ele se ofereceu para organizar aulas para os pais que enfrentavam problemas com os filhos adolescentes. Briscoe ficou surpreso com a proposta e aceitou-a prontamente. As aulas provaram ser tão bem-sucedidas que logo havia uma lista de espera para frequentá-las. Menos de um ano depois, as aulas terminaram sem planos de continuação no semestre seguinte. Quando Briscoe perguntou o motivo da descontinuidade, o homem explicou:

— Porque os problemas foram resolvidos.

De fato, em uma reviravolta dramática e surpreendente, os alunos que não frequentavam a celebração começaram a pedir aos adultos da comunidade eclesiástica que os ajudassem a entender seus pais.

A decisão de acolher os adolescentes na vida da comunidade foi, tenho certeza, uma decisão que Briscoe identificaria como uma das mais importantes de seu ministério. Teve um impacto de longo prazo, e sua influência foi profunda e ampla. Ele concluiu:

— Se vamos enfrentar uma tempestade, que seja porque estamos navegando em um oceano imenso, não em um bule de chá.[4]

As Escrituras mostram um padrão claro da importância de passar o manto da liderança de uma geração a outra. As famílias dos patriarcas descendiam de Abrão, Isaque e Jacó. Moisés treinou e preparou Josué para liderar o povo a cruzar o Jordão até chegar à terra prometida. Elias foi mentor de Eliseu e treinou-o tão bem que Eliseu pediu a Deus e recebeu dele uma "porção dupla" de poder espiritual.[5] Vemos claramente a mentoria na carta de Paulo a Timóteo. Ele instruiu seu jovem protegido:

> Portanto, você, meu filho, fortifique-se na graça que há em Cristo Jesus. E as palavras que me ouviu dizer na presença de muitas testemunhas, confie-as a homens fiéis que sejam também capazes de ensiná-las a outros.[6]

Paulo não estava satisfeito apenas por Timóteo desabrochar na liderança. Ele vislumbrava quatro gerações de cristãos, com a implicação de que a transferência continuaria até a volta de Jesus:

[4] The Price of Progress. **Christianity Today**, 1993. Disponível em: <www.christianitytoday.com/pastors/leadership-books/measuringup/mmpp01-8.html>.

[5] 2Reis 2.9, nota da *NVI*.

[6] 2Timóteo 2.1,2.

de Paulo a Timóteo, de Timóteo a pessoas confiáveis e destas a outras. Paulo e Timóteo tiveram de descobrir como conectar-se com as pessoas e motivá-las nas gerações subsequentes. Devemos fazer o mesmo.

CALADO OU COMUNICATIVO

Os iguais gostam dos iguais. Significa que os líderes se impressionam mais com pessoas semelhantes a eles: comunicativas e entusiasmadas. Pessoas que giram em torno daqueles que são articulados e, ao menos de vez em quando, um tanto quanto prolixas. Pregadores valorizam pregadores, visionários gostam de visionários e pessoas entusiasmadas gostam de estar com outras que sentem paixão pela causa. Às vezes, esses líderes supõem que uma pessoa calada não está envolvida no assunto e, de fato, é maçante. Constatei que essa é quase sempre uma suposição errada.

Participei de uma reunião de equipe de executivos na qual uma das pessoas (vou chamá-la de Janice) mergulha na ideia do líder e demonstra o desejo de apresentar meios para que a ideia se torne realidade. Durante a reunião, Janice senta-se na ponta da cadeira, comenta as ideias dos demais, concorda com as palavras do líder e acrescenta uma dose de adrenalina em cada parte da conversa. Durante todo esse tempo, outra pessoa da equipe (vou chamá-la de Bill) ouve atentamente e faz anotações, mas não se oferece para dizer nada. Quando o líder pede comentários sobre determinada ideia, Bill ouve e movimenta a cabeça concordando, mas não opina. Quando a reunião termina e o líder atribui as tarefas, quem você acha que recebe a tarefa mais importante? Janice, claro. O líder se convence de que as habilidades verbais de Janice se traduzirão em talento administrativo.

Bill não passou despercebido. Ao contrário, o líder está bem consciente de que Bill se manteve em silêncio e conclui que Bill rabiscou ou escreveu um bilhete a alguém em vez de prestar atenção. Uma semana depois, quando Janice tem problemas para pôr os conceitos em prática porque lhe faltam habilidades administrativas, o líder surpreende-se, mas acaba dando a ela uma chance. (Isso já ocorreu muitas vezes.) No entanto, o líder não aproveitou as habilidades extraordinárias de Bill de planejar, criar estratégias, delegar e administrar tarefas. Transfere a Bill a maioria dos trabalhos rotineiros e nem sequer acompanha para saber se Bill executou bem o que lhe foi destinado. O líder tirou conclusões muito fortes com base nas habilidades verbais da equipe que eram mais parecidas com as dele — o que resulta em dois erros na liderança.

O líder sábio reconhece essa tensão; os líderes ineficientes fazem suposições. Em cada reunião, uma ou duas pessoas são mais comunicativas que as outras, mas talvez não sejam a escolha certa para organizar um programa ou liderar uma equipe cujo objetivo é atingir uma meta específica.

Todos nós vivemos na tensão de saber quando falar e quando calar. (Pergunte a seu cônjuge, e ele lhe dirá!) Precisamos avaliar a situação, avaliar a pessoa, avaliar nossas tendências naturais e fazer os ajustes necessários. Na grande maioria das vezes, não preciso dizer nada a Brenda para corrigir seu pensamento, porque ela já está ciente disso. Por outro lado, quase sempre ela necessita vencer sua relutância natural e falar com franqueza para contestar meus pensamentos ou planos (ou falta de planos). Quando qualquer um de nós que está acostumado a palestrar se dirige a uma plateia, precisamos *analisar o ambiente* e adaptar nossas opiniões e histórias para que se amoldem ao momento. Da mesma forma, maridos, esposas, pais, líderes, membros de equipe e amigos devem analisar a pessoa diante deles e falar apropriadamente... ou não falar nada.

Ouço este ditado com frequência: "Paus e pedras podem quebrar meus ossos, mas as palavras nunca poderão me machucar". Esse talvez seja o provérbio mais incorreto que já ouvi. As palavras têm um poder incrível de machucar ou curar.

Tiago lembra que devemos ser muito cautelosos com o que sai de nossa boca:

> Todos tropeçamos de muitas maneiras. Se alguém não tropeça no falar, tal homem é perfeito, sendo também capaz de dominar todo o seu corpo. [...] Com a língua bendizemos o Senhor e Pai e com ela amaldiçoamos os homens, feitos à semelhança de Deus. Da mesma boca procedem bênção e maldição. Meus irmãos, não pode ser assim! Acaso podem sair água doce e água amarga da mesma fonte? Meus irmãos, pode uma figueira produzir azeitonas ou uma videira figos? Da mesma forma, uma fonte de água salgada não pode produzir água doce.[7]

Para quem é comunicativo como eu, é tentador preencher qualquer silêncio com uma grande quantidade de palavras. Receio que muitas vezes não permiti que as pessoas falassem palavras de ouro porque me intrometi rapidamente e enchi o ar com palavras de latão. Se tivesse esperado alguns segundos, teria ouvido palavras sábias e maravilhosas, mas fui impaciente.

Em sua carta aos tessalonicenses, Paulo apresenta uma estrutura clara para nossa comunicação:

[7] Tiago 3.2,9-12.

> Exortamos vocês, irmãos, a que advirtam os ociosos, confortem os desanimados, auxiliem os fracos, sejam pacientes para com todos.[8]

Analise a pessoa, analise as emoções e analise a pressão sob a qual a pessoa se encontra e fale com propriedade.

Às vezes, precisamos de coragem para falar e, às vezes, precisamos de sabedoria para segurar a língua. Sempre precisamos de discernimento para saber a diferença. Vivemos em um mundo barulhento, e parece que todos estão sempre ligados a um telefone, ouvindo música ou *podcast* ou outra coisa qualquer. Não me leve a mal: não estou dizendo que essas coisas são más ou erradas; sugiro apenas que precisamos ao menos de um pouco de tempo por dia para o silêncio. Nossa mente não consegue esvaziar quando está sendo preenchida continuamente com sons.

Às vezes, precisamos de coragem para falar e, às vezes, precisamos de sabedoria para segurar a língua. Sempre precisamos de discernimento para saber a diferença.

RUDE OU BONDOSO

Na carta de Paulo aos cristãos em Éfeso, ele passa os três primeiros capítulos descrevendo o fundamento da fé. Depois, nos três últimos capítulos, explica como é a fé genuína na vida real — ou melhor, como a fé *pode* ser. Uma afirmação curta, porém poderosa, sobre nossos relacionamentos é que Deus deseja que falemos *"a verdade em amor"*.[9] Isso, tenho certeza de que você sabe, é mais fácil dizer que fazer.

Temos a tendência de nos inclinar em uma direção ou na outra. Alguns de nós assumimos o compromisso de falar a verdade

[8] 2Tessalonicenses 5.14.

[9] Efésios 4.15.

sem nos importar como os ouvintes a interpretam. Dizemos que Jesus agiu assim em suas conversas com os fariseus e sentimo-nos completamente justificados por ser rudes. Nossa mensagem é dura e condenadora, principalmente a pessoas sensíveis. Por que ameaçamos os outros com a verdade? Porque dá certo: a maioria das pessoas fica tão intimidada que nos deixa seguir nosso caminho.

Há, porém, outros de nós que estamos na extremidade oposta. Talvez tenhamos sido magoados por palavras grosseiras no passado ou talvez faça parte de nosso temperamento ser amáveis, mas, seja qual for a causa, nos inclinamos muito mais em direção à bondade... às vezes à custa da verdade. Racionalizamos que não queremos ferir os sentimentos dos outros, que eles não reagirão bem, que não conseguem mudar ou que seu comportamento agressivo não é assim tão mau. Quando a situação se torna difícil e há necessidade de uma conversa franca, pulamos fora.

"Verdade em amor." Ousadia *e* bondade. Ambos — nem um nem outro. Ao evitar a tensão entre ousadia e bondade, ou nos tornamos leões que se autojustificam ou cordeiros inofensivos, e nos sentimos perfeitamente bem em relação a isso! Para viver na tensão, temos de nos conhecer e conhecer nossa plateia, mesmo que se componha de apenas uma pessoa. Aqueles de nós que tendem a falar a verdade sem amor precisam sentar, se acalmar, reconhecer que estão usando a verdade para manipular e conseguir o que querem, e ser mais comedidos — fazendo perguntas que mostrem que valorizam as pessoas, não perguntas que sejam um martelo disfarçado. Aqueles de nós que não querem ferir sentimentos dizendo coisas que poderiam corrigir alguém precisam entender que sua hesitação é, na verdade, covardia. Estão se protegendo em vez de valorizar a integridade do relacionamento.

> Ao evitar a tensão entre ousadia e bondade, ou nos tornamos leões que se autojustificam ou cordeiros inofensivos.

Um dos mais importantes princípios de liderança que aprendi é que as pessoas são diferentes. (Sim, sei que você acha essa afirmação totalmente óbvia!) Quando nos relacionamos com pessoas de nossa equipe ou família, nem sempre o melhor caminho é *"tratá-las como gostaríamos de ser tratados"*. Tenho certeza de que essas palavras parecem heréticas, mas eu explico. Precisamos conhecer nossos ouvintes — quem está sentado diante de nós. Algumas pessoas só precisam de uma leve insinuação para mudar de atitude ou comportamento, e isso basta para que elas mudem realmente. No entanto, outras necessitam de uma abordagem mais direta: não entenderão se formos muito circunspectos e evasivos. Necessitam de contato visual, que alguém descreva seu erro e descreva claramente como deverá ser a mudança. O problema, claro, é que as pessoas sensíveis reagem excepcionalmente ao segundo método, o ousado, mas em geral reagem com medo e vergonha. E as outras — vamos chamá-las de menos sensíveis — não vão entender a ideia se não formos suficientemente ousados. Creio que muitos dos problemas que enfrentamos com relacionamentos resultam do fato de não entendermos nossos ouvintes. Somos duros demais com os sensíveis e moles demais com quem deveríamos usar de franqueza.

Gostaria de identificar mais um ponto de tensão referente a ousadia e bondade. Alguns de nós somos radicalmente diferentes em uma arena e em outra. Somos tigres *on-line*, manifestando opiniões extremas sobre qualquer coisa que motiva nossas paixões, mas pessoalmente somos cordeiros inofensivos. Ou somos destemidos na tribuna, mas temerosos em dizer palavras duras diante de nossa equipe. Integridade é ser a mesma pessoa em qualquer lugar e em qualquer relacionamento.

Conheça sua tendência de estar de um lado ou de outro e conheça a pessoa com quem está falando. Com a sabedoria que adquirimos dessa percepção dupla, nossa comunicação se adaptará ao momento.

PESSOAL OU DIGITAL

Quantas vezes você enviou um *e-mail*, ou mensagem de texto, que não foi recebido exatamente como você pretendia? Já aconteceu comigo. E quantas vezes enviou um *e-mail* sensível à pessoa errada? Sim, eu também. Adoro a tecnologia moderna e as oportunidades incríveis de conexão com as pessoas — as que estão no cômodo ao lado e as que estão no outro lado do mundo. No entanto, precisamos entender o poder da comunicação digital e suas limitações.

As conexões pessoais (frente a frente, videoconferência e telefone) são necessárias em várias ocasiões, inclusive quando:

- A emoção deve ser comunicada exatamente como ela é.
- O relacionamento é vulnerável.
- Você está usando disfarces, como humor, que podem ser facilmente mal interpretados.
- *Tudo em maiúsculas* não expressa o tom que você deseja dar.
- Você não quer correr o risco de ser mal compreendido.

O líder sempre sugere um passo adiante para ser mais pessoal: em vez de enviar uma rápida mensagem de texto, envie um *e-mail*; em vez de enviar um *e-mail*, dê um telefonema; em vez de dar um telefonema, faça uma videoconferência; em vez de fazer uma videoconferência, marque um encontro para um café ou almoço com a pessoa. Todas as vezes que enviar uma mensagem de texto ou um *e-mail*, leia o texto duas vezes e confira duas vezes o nome na lista de contatos! Demorará um pouco mais; no entanto, se você não fizer isso, garanto que haverá ocasiões em que gostaria de ter feito.

As *soft skills* [habilidades comportamentais] de comunicação pessoal são difíceis de medir, mas poderosas para moldar a cultura de um relacionamento ou de uma organização. Hoje, podemos colaborar com projetos e planejamento de eventos com muita eficiência por meio da tecnologia, mas devemos nos lembrar dos benefícios das conexões pessoais. Locais de trabalho remoto são convenientes e eficientes, mas nem sempre produzem valores compartilhados e senso de comunidade. Quando estamos fisicamente juntos, somos capazes de captar mensagens não verbais e linguagem corporal que faltam nas mensagens de texto, em *e-mails* e até em conversas por telefone. Nos contatos frente a frente, as duas pessoas têm mais oportunidades de esclarecer qualquer coisa que tenha sido mal interpretada. Em um artigo sobre as vantagens das conexões mais próximas, Megan Baker e Jelena Milutinovic comentam:

Todas as vezes que enviar uma mensagem de texto ou um *e-mail*, leia o texto duas vezes e confira duas vezes o nome na lista de contatos! [...] se você não fizer isso, garanto que haverá ocasiões em que gostaria de ter feito.

> Ao abordar questões sensíveis, desligue o telefone, distancie-se do teclado do computador e esforce-se para envolver-se pessoalmente. Isso será crucial para um bom resultado. Se você estiver apresentando *feedback* específico para um membro da equipe ou tratando de um assunto com um colega, muita coisa poderá ser mal interpretada ou perdida se a comunicação for por meio da tecnologia. Foque o resultado desejado e, como preparação, pense na mentalidade e nas possíveis reações da pessoa com quem você se comunicará. Isso pode

ajudar a transformar uma conversa difícil em uma interação fundada na confiança.[10]

Para acompanhar o segmento empresarial, muitas comunidades eclesiásticas têm dado passos largos nos últimos anos, usando a tecnologia para conectar-se com seus membros e auxiliadores. Postam mensagens em seus *sites* e apresentam uma ampla variedade de informações importantes para os curiosos que gostam de acompanhar o andamento da comunidade, bem como para os que a frequentam com regularidade. Além disso, alguns líderes espirituais têm uma forte presença nas redes sociais. O panorama está sempre mudando; portanto, é importante que os líderes eclesiásticos façam regularmente as três perguntas a seguir:

1. Qual é a qualidade da atual tecnologia?
2. Que aspectos de nossa tecnologia precisam de aprimoramento?
3. Que nova tecnologia aumentaria nosso alcance de evangelização?

A tecnologia tem facilitado a *ida das pessoas à celebração* sem presença física. Podem assistir e ouvir... e ouvir não apenas o líder de sua própria comunidade, mas líderes espirituais famosos do país e do mundo inteiro. Isso não é bom nem mau; é somente um fato. Temos, no entanto, de estar seguros de não colocar a carroça tecnológica na frente do cavalo da missão.

[10] The Importance of Face-to-Face Communication in the Digital Age. **Australian Institute of Business**, September 15, 2016. Disponível em: <www.aib.edu.au/blog/communication/face-to-face-communication-in-the-digital-age>.

Em um artigo intitulado "Grow Your Church by Embracing Technology" [Faça sua igreja crescer usando a tecnologia], o autor Daniel Threlfall apresenta este conselho:

> **Relacione a tecnologia à missão da igreja.** Sem uma clara missão, qualquer igreja está destinada a fracassar em todas as áreas, não apenas na tecnologia. Uma missão forte da igreja atua como amarra, para garantir que as igrejas permaneçam ancoradas na Bíblia. Esse não é o lugar para uma discussão sobre a missão da igreja, mas pode servir para que você pense seriamente em criar uma missão da igreja, e depois relacionar a tecnologia da igreja a seu devido lugar dentro da missão da igreja. Lembre-se: a missão deve vir primeiro, seguida da incorporação da tecnologia.[11]

A comunicação é a força vital de um líder. Vivemos em múltiplas tensões, mas, com alguns *insights* para sintonizar nosso foco e eliminar distrações, compartilharemos uma visão mais clara, moveremos mais pessoas e realizaremos mais no Reino de Deus. Não é por isso que estamos agindo dessa maneira?

[11] **ShareFaith Magazine**. Disponível em: <www.sharefaith.com/blog/2010/04/grow-church-embracing-technology>.

PENSE

1. Como você identificaria as faixas em sua comunidade eclesiástica ou empresa?

2. Quais são os benefícios do efeito cascata de sua comunicação sobre uma mudança importante na direção de sua empresa ou comunidade eclesiástica?

3. Quais são seus maiores desafios ao comunicar-se com várias gerações? Como você está enfrentando (ou vai enfrentar) esses desafios?

4. Quais são as pessoas de sua equipe que mais se parecem com você? Já se viu pendendo mais em favor delas para valorizar suas opiniões e talentos do que em favor dos outros? Seja sincero e explique sua resposta.

5. Em que ponto você se encontra no *continuum* da aspereza e da bondade? (Dica: você certamente não se encontra em total equilíbrio!)

6. Quando a comunicação frente a frente (ou pelo menos telefônica) é necessária?

APLIQUE

- Ao ler este capítulo, que tensões aqui descritas o fizeram lembrar-se de suas experiências?
- Como você reagiu na ocasião?
- Como deseja reagir da próxima vez?
- Você conhece alguém que esteja enfrentando uma tensão semelhante hoje? Quem?
- Como você pode ajudar essa pessoa a aceitar a tensão, resolver a tensão ou usar a tensão para estimular uma solução inovadora?

9

CONTROLANDO A TENSÃO (ANTES QUE ELA NOS CONTROLE!)

A maturidade é alcançada quando a pessoa aceita
a vida como repleta de tensão.

Joshua L. Liebman

Criar tensão é parte inerente à função de liderança. Por definição, os líderes levam as pessoas a lugares desconhecidos, em geral desconfortáveis e até ameaçadores. Poderíamos até dizer que a primeira tarefa de um grande líder é aumentar o nível de estresse. Alguns poderiam até chamar isso de caos. Se não entendermos esse fato básico, seremos pegos desprevenidos quando percebermos tensão em nossa equipe, vamos recuar em vez de seguir em frente e ficaremos paralisados pelo medo de desaprovação.

Quando sentem medo da tensão, os líderes enviam um sinal alto e claro de que estão abdicando de sua responsabilidade de liderar. A tensão é inevitável: o modo de lidarmos com ela aumenta a imparcialidade de nossa liderança ou a escoa e seca. A tentativa de evitar conversas embaraçosas só provoca mais tensão e menos credibilidade.

Anos atrás, quando eu era líder de uma organização, dois integrantes de nossa equipe de executivos não estavam se entendendo... para não dizer coisa pior, sempre procurando meios de prejudicar o outro, sorrindo diante de comentários inapropriados e obviamente se deleitando quando o outro tinha problemas em realizar uma tarefa. Esperei durante meses que se entendessem; de vez em quando, conversava com eles em particular para dar conselhos amigáveis sobre o trabalho em conjunto com mais eficiência, como, por exemplo, acreditar no que havia de melhor em cada um e ideias semelhantes usadas para bons relacionamentos. No entanto, nada mudou. Aliás, a animosidade entre eles piorou cada vez mais. Finalmente, tive de dar um basta.

A equipe foi ao meu escritório para nossa reunião semanal. Eu havia enviado a agenda alguns dias antes para que viessem preparados, mas, logo no início da reunião, eu lhes disse:

— Deixem a agenda de lado. Vamos falar sobre o que está havendo em nossa equipe.

Consegui atrair a atenção deles e todos sabiam qual seria o assunto. Prossegui:

— Vou fazer algumas observações sobre o que está havendo com nossa equipe e pedir a cada um de vocês que faça um comentário. Vocês podem concordar ou não com minhas percepções, mas talvez vejam a situação por um ângulo diferente. Por favor, não se sintam obrigados a ver a situação como eu a vejo. Sejam apenas sinceros. É tudo o que peço.

Naquele momento, não tenho certeza se todos na sala continuavam a respirar. Sem mais delongas, fui em frente. Vou chamar os dois briguentos de Phil e Javier. Apontei para um deles e depois para o outro, mas dirigi-me à equipe inteira:

— Phil e Javier estão se estranhando há muito tempo. Esperei que resolvessem os problemas entre eles, mas não resolveram.

Os sentimentos em ebulição afetaram ambos e indiretamente afetaram todos nós. O comportamento passivo de raiva e agressão dos dois é visível quando interagem entre si e põe todos nós à margem. Em razão disso, nossa eficiência foi diminuída. Agimos com excesso de precaução e já não podemos falar com a sinceridade e a vulnerabilidade necessária se queremos ser melhores líderes. Gastei uma parte enorme de meu tempo e energia tentando controlar o conflito entre eles. Agora, isso tem de acabar. Esta é a minha leitura da situação. Qual é a de vocês? Vou deixar que Phil e Javier falem por último, pois quero ouvir primeiro a opinião de vocês.

Havia seis pessoas na sala, incluindo eu, portanto estava pedindo a três pessoas que se manifestassem. Mas houve silêncio por um longo e incômodo minuto. Finalmente, um deles disse:

— Bom, não quero pôr mais lenha na fogueira e tenho certeza de que Javier e Phil têm boas intenções, mas, sim, tenho visto um pouco de tensão entre eles.

O segundo interveio:

—Sim, há certa discordância entre eles, mas tenho certeza de que se trata apenas de um mal-entendido. Ambos têm bom coração. Todos nós temos dias maus, e provavelmente nós os vimos nesses dias maus.

O terceiro foi ousado e sincero.

— Faz tempo que tenho notado isso — ele começou a dizer. Depois olhou para mim e prosseguiu: — Sinceramente, não sabia se você havia notado. Estou feliz por termos finalmente tocado no assunto e espero que eles resolvam suas diferenças para que possamos trabalhar como equipe.

Perguntei a Phil e a Javier se tinham algo a dizer. Eles se entreolharam e movimentaram a cabeça negativamente. Virei-me para os dois e avisei:

— Nós quatro vamos sair da sala. Vocês ficam. Na próxima semana, vocês vão nos contar como resolveram essa briga. Se não resolverem, vamos promover algumas mudanças importantes. Essa situação não pode continuar.

Depois de dizer isso, levantei-me. Os outros três pegaram rapidamente suas pastas e papéis, e nós quatro saímos da sala.

Meu objetivo não era resolver a tensão naquela reunião da equipe de executivos. Na verdade, injetei mais tensão ao pôr nossa agenda de trabalho de lado e chamar a atenção dos dois homens. Depois, criei um nível mais alto de tensão quando pedi aos outros três que manifestassem suas opiniões. Finalmente, deixei os dois homens marinando no molho da tensão por uma semana antes de nos relatarem como resolveram o ressentimento entre ambos... ou como não conseguiram resolvê-lo.

Uma semana depois, enviei a agenda de trabalho para a reunião com as cinco pessoas. O primeiro item dizia simplesmente: desfecho. Todos sabiam a que a palavra se referia. Quando os homens entraram, tentaram evitar contato visual porque não sabiam o que esperar. Depois que se sentaram, virei-me para Phil e Javier e disse:

— O primeiro item da agenda é o desfecho da tentativa de vocês em resolverem o problema. Contem-nos como foi.

Phil foi o primeiro a falar. Disse que ele e Javier tiveram uma série muito produtiva de conversas durante a semana, começando na semana anterior, na sala de reuniões, logo depois que nós quatro saímos. Perceberam que concordavam em alguns pontos importantes, mas discordavam em outros. Concluíram que o relacionamento entre eles era mais importante que as divergências de opiniões e se desculparam pelo mal que haviam causado. Javier concordou, sinalizando com a cabeça, durante toda a explanação de Phil e, em seguida, disse:

— Está certo. Nós nos desculpamos e planejamos conversar regularmente para dar um novo tom ao nosso relacionamento. Queremos também pedir desculpas a todos vocês.

Todos nós concordamos, com gestos de aprovação, e eu acrescentei:

— Muito bem. Vamos passar para o segundo item da agenda de hoje.

Eu estava muito orgulhoso de meu autocontrole naquele momento. Tudo em mim queria repetir tudo o que havia acontecido entre Phil e Javier no ano anterior, explicando em detalhes como cada um deles agira e as maneiras em que haviam afetado desfavoravelmente a equipe. Eu queria que eles expressassem o sofrimento que sentiam com mais detalhes. Sinceramente, queria dizer que aquilo foi importantíssimo para nossa equipe, mas somente porque a gravidade do problema e o poder da resolução confirmariam minha liderança. Sim, queria tudo aquilo, mas, ao contrário, confirmei apenas a resolução tomada pelos dois e segui em frente. Aquele foi um momento decisivo para Phil e Javier, um passo importante para nossa equipe e uma boa lição para mim sobre como liderar.

TENSÃO INTENCIONAL

Criamos tensão de formas muito diferentes, e algumas são totalmente intencionais. Para nossa equipe de executivos, tive de evitar iluminar o *elefante na sala* por muito, muito tempo, mas, quando o iluminei, ninguém conseguiu se esconder. Finalmente, a equipe sabia que vi o que eles viram, e não tive medo de expor o assunto. Viram também que minhas atitudes para solucionar o problema não me puseram no centro das atenções. Pedi a todos que fossem sinceros sobre o que presenciaram na contenda constante. Pedi também aos dois que resolvessem a situação. Esse processo certamente aumentou o nível de tensão em nossa equipe, mas foi absolutamente necessário. Antes do dia em que falei do conflito, a equipe pode ter questionado se eu valorizava nossos relacionamentos, mas, após aquele dia, ninguém mais teve dúvida.

Creio que os integrantes de equipes fazem intuitivamente várias perguntas sobre a atuação do líder quando o conflito não é exposto:

- Será que ele enxerga o que eu vejo?
- Se não vê, como pode ser tão cego?
- Será que vai ver?
- Caso ele veja e não tome nenhuma atitude, posso confiar nele?

A moral da história é encontrar coragem para aprofundar-se na tensão de sua equipe ou família. Seu primeiro impulso poderá ser o de correr ou esconder-se, ou exigir e controlar, mas, em vez disso, provoque discussões, ratifique as observações e peça ao grupo que participe da resolução. Há, creio eu, dois tipos de tensão interpessoal: destrutiva e produtiva. Precisamos de *insight* para saber diferenciá-las.

Todos nós conhecemos o provérbio: "Assim como o ferro afia o ferro, o homem afia o seu companheiro".[1] Quando o ferro afia o ferro, voam faíscas! Não tenha medo disso. As divergências podem ser muito saudáveis porque forçam a pessoa a pensar com mais clareza e planejar com mais eficiência. No entanto, ao chegar ao ponto em que a pressão se

Encontre coragem para aprofundar-se na tensão de sua equipe ou família. Provoque discussões, ratifique as observações e peça ao grupo que participe da resolução.

[1] Provérbios 27.17.

torna intolerável, o ferro é triturado. Quando vemos isso acontecer, é hora de interferir, falar a verdade e convidar as pessoas a entrarem no processo de autodescoberta e resolução.

Em um artigo para a *Entrepreneur*, o dr. David G. Javitch relaciona "7 Steps to Defuse Workplace Tension" [7 passos para reduzir a tensão no local de trabalho]. Segundo ele, devemos recuar e ver todo o panorama de estresse interpessoal no local de trabalho:

> Digo que o conflito não necessita ser caracterizado como negativo. Na verdade, pode ser neutro e até positivo. O conflito pode ser definido simplesmente como tensão. A tensão pode ser boa, má ou neutra. O fato de duas pessoas discordarem não significa que essa discordância seja negativa ou venenosa; pode ser apenas uma diferença de opinião. No entanto, se não for tratada e permitirmos que infeccione ou aumente, a tensão neutra pode tornar-se negativa e possivelmente prejudicial. Então, todos, até mesmo a organização, sofrem. Seja qual for a definição usada, podemos concordar que a maioria das pessoas não gosta de conflito. De fato, elas se esforçam para evitá-lo. Em muitos casos, as pessoas veem o conflito em termos de discussões, raiva, sentimentos de mágoa ou gritaria. Ninguém gosta dessas situações. Por conseguinte, quando o conflito aumenta, a maioria das pessoas o evita ou finge que não existe. Todavia, ele é real, e pode tornar-se problemático.[2]

Dois dos passos recomendados por Javitch destinam-se a ajudar ambas as partes a chegarem a um consenso e a um acordo. As duas têm interesse no desfecho, e é importante que o líder construa uma ponte entre elas... ou ao menos apresente uma

[2] July 29, 2010. Disponível em: <www.entrepreneur.com/article/207680>.

ponte para saber se desejam caminhar nela. Então, cada um pode ceder um pouco para ganhar muito — às vezes, a continuação no emprego! Sentimentos dolorosos não mudam da noite para o dia, mas cada pessoa pode assumir o compromisso de falar com civilidade e agir com integridade. Com o tempo, o ressentimento pode transformar-se em respeito. As duas partes não necessitam tornar-se amigas inseparáveis, mas, para que a equipe funcione, é essencial haver uma base de respeito mútuo.

Às vezes, a solução de uma tensão existente abre a porta para a tensão de novas possibilidades. Depois que Phil e Javier conversaram e retornaram à equipe, com um comprometimento renovado de cooperação, todos nos sentimos mais à vontade, e o acordo entre eles deu-lhes a liberdade de questionar um ao outro sem as fortes tendências de desconfiança e ressentimento. Agora, eles parecem gostar de suas discussões, para surpresa de toda a equipe. Ambos também convivem com a nova ideia de que não vou mais agir como se não estivesse acontecendo nada. Phil e Javier — e os outros três da equipe — sabem que vou lidar com cada tensão que for prejudicial à nossa equipe. Todos estão avisados.

Nesta vida, sempre teremos tensão, e só nos livraremos dela quando estivermos na presença de Jesus. Ao resolver uma tensão, temos de nos conscientizar de que estamos preparando o terreno para uma forma nova, mais alta e, assim esperamos, mais produtiva. Dessa maneira, caminhamos de tensão em tensão, sempre aprendendo, sempre amadurecendo e sempre ensinando os outros a lidar com ela.

Também criamos tensão intencionalmente ao perguntar o que está funcionando e o que não está. A maioria das organizações concentra a atenção no que não funciona e gasta um tempo enorme e esforços desmedidos para solucionar o problema. Descobri que é mais produtivo (e encorajador) dedicar mais recursos para que as vitórias sejam cada vez melhores.

Questionar o fracasso cria tensão que quase sempre confunde. Questionar o sucesso cria tensão, com a diferença de que isso fortalece e inspira.

Questionar o fracasso cria tensão que quase sempre confunde. Questionar o sucesso cria tensão, com a diferença de que isso fortalece e inspira.

AMBIGUIDADE ABENÇOADA

A maioria de nós evita a tensão, e, se tivermos de afundar nela, queremos sair o mais rápido possível. No conflito, essa situação quase sempre nos faz tomar partido em relação às pessoas. O jogo de poder pode parecer uma boa solução, mas invariavelmente aumenta o nível de tensão e resulta até em um conflito mais intenso. A pessoa que apoiamos fica satisfeita conosco, mas a outra sente-se mais que incompreendida — sente-se traída.

Descobri que é uma boa ideia evitar tomar partido, a não ser em casos de verdade e integridade. Na grande maioria das situações, as contendas giram em torno de opiniões, preferências e processos. Chamo ambas as partes e peço que cada uma conte o que está ocorrendo... e ouço com atenção. Em vez de tirar uma rápida conclusão e terminar a discussão, digo: "Muito bem, foi útil. Falem mais a respeito".

Quando interponho um comentário, faço questão que seja positivo. Posso dizer: "Vejo que há alguns pontos de divergência, mas vejo também que ambos estão tentando alcançar o mesmo objetivo. Ideias diferentes não representam ameaça para nenhum de nós. Na verdade, será mais prudente e enriquecedor ouvir um ao outro".

Em geral, as duas partes falam por longo tempo e, uma vez que estão falando na frente do supervisor ou líder da equipe, elas procuram uma solução mútua e satisfatória para resolver a tensão. No entanto, em alguns poucos casos, a estratégia tensão/resolução força as partes a endurecerem suas posições. Ambas tornam-se exigentes e defensivas, o que me diz mais do que desejam que eu saiba a respeito delas. Quando isso acontece, abordo o problema sob o problema, e, novamente, esse processo dá-me *insights* valiosos a respeito do coração, da mente e dos motivos das pessoas envolvidas.

Um dos princípios que descobri ser útil é permanecer envolvido na conversa durante tempo suficiente para que eu possa expressar a opinião da outra pessoa tão bem (ou quase tão bem) quanto ela. A primeira tarefa do conselheiro é fazer a pessoa sentir-se compreendida, e uma das tarefas mais importantes do líder é que os membros da equipe (e outros) sintam que os compreendemos. Isso leva tempo, embora seja mais que provável ganhar um amigo e adquirir sua confiança se fizermos mais algumas perguntas, ouvirmos um pouco mais e dissermos: "Foi isto que ouvi você dizer". Depois que definimos a posição da outra pessoa, ela poderá dizer: "Sim, foi exatamente o que eu disse" ou explicar: "Não, você não entendeu. Vou tentar mais uma vez". De qualquer forma, estamos transmitindo a mensagem mais importante de que a pessoa é mais valiosa para nós do que ganharmos a disputa.

Permaneça envolvido na conversa durante tempo suficiente para que você possa expressar a opinião da outra pessoa tão bem [...] quanto ela.

ESCOLHENDO TENSÕES

Podemos identificar três tipos de tensão:

1. A tensão que necessita ser *resolvida*, como o conflito entre Phil e Javier.
2. A tensão que pode ser *ignorada*.
3. A tensão que é *boa*, *saudável* e *produtiva* porque nos força a dar o melhor que temos.

Se pudermos identificar em quais dessas categorias determinada tensão se enquadra, teremos um bom ponto de partida sobre como reagir. Já analisamos pelo menos um tipo que necessita de resolução, mas não vamos nos envolver com cada tensão que vemos no dia a dia. Temos de fazer uma espécie de *triagem de tensão*, dedicando nossa atenção a algumas e deixando outras de lado (pelo menos no momento). Não negamos que existem, nem dizemos aos outros que não são importantes, mas não gastamos tempo tentando apagar cada incêndio em nossa equipe, organização ou lar.

A incompetência de um integrante da equipe cria tensão para o líder e os demais da equipe. Todos têm de gastar tempo pensando em como reagir à pessoa que sempre chega atrasada, despreparada ou diz coisas que não se aplicam à situação. É o mesmo que um motorista cujo carro parou no meio da rodovia, deixando uma fila de um quilômetro de motoristas frustrados atrás dele. Os motoristas ficam imaginando a confusão em que alguém se meteu! Instintivamente, a pessoa responsável na equipe tenta preencher as lacunas, para que o irresponsável possa criar uma série de novas decisões tomadas pelo líder e pelos demais da equipe. Aplaudo essas pessoas pela disposição em pôr os objetivos da equipe acima de sua conveniência pessoal, mas essa é outra questão quando tenho de intervir para lidar com a tensão na sala.

> A incompetência de um integrante da equipe cria tensão para o líder e os demais da equipe.

Não sou capaz de resolver todas as tensões; aliás, não sou capaz de lidar com todas. Eu me vejo amarrado a uma dúzia de cordas. Cada uma tem alguém tentando puxar-me em uma direção. Não posso brincar de cabo de guerra com todas; portanto, tenho de escolher. Posso escolher apenas uma por dia, ou posso escolher duas ou três. Se não escolher uma corda, não haverá cabo de guerra, não haverá tensão. No entanto, tenho de ter certeza de que sou capaz de aguentar os puxões. As cordas estarão sempre presentes, mas minhas escolhas poderão variar amplamente com base em meu tempo, minha capacidade e nas situações existentes. Quando deixo uma corda estendida no chão, não estou dizendo que ela não existe. Apenas quero dizer que hoje não é o dia de escolhê-la e sentir a tensão. Não me sinto culpado por ter tomado essas decisões. Reconheço minhas limitações e reconheço também que, se tentar segurar todas, não serei capaz de reagir bem a nenhuma delas. As cordas estarão ali amanhã, e amanhã talvez seja o dia certo para eu escolher a que deixei de lado hoje.

Conforme vimos, muitas das tensões que enfrentamos são saudáveis. Passamos por elas porque estamos nos esforçando para conseguir mais, ajudar os outros a dar passos ousados e alcançar objetivos maiores. Isso só será prejudicial se pressionarmos demais, se não ouvirmos as preocupações dos outros ou se nos sentirmos tão desconfortáveis com a tensão a ponto de não aproveitar as oportunidades.

O LADO BOM DO FRACASSO

A verdadeira medida dos líderes não está em sua lista de sucessos estrondosos, mas em como reagem diante de atrasos, oposição e fracassos. Se nosso ego for tão frágil a ponto de desmoronarmos ao colidir com uma parede, minimizaremos nosso objetivo para que o fracasso não seja uma ameaça, deixaremos de contratar os melhores profissionais porque somente os talentos medíocres se satisfazem com desafios pequenos, e perderemos o respeito de quem nos segue.

A reação positiva ao fracasso começa com uma rigorosa autoanálise. Perguntamos a nós mesmos e perguntamos a um mentor confiável: "O que realizo com competência e o que necessita ser melhorado?". As respostas fornecem degraus na escalada do progresso pessoal.

O fracasso pode destruir nossa confiança e corroer nosso entusiasmo, mas os líderes em ascensão desenvolvem tenacidade, um forte compromisso de enxergar oportunidades em cada situação. Essa força de caráter é incrivelmente atraente e permite que se envolvam com pessoas competentes que podem desabrochar no ambiente do líder.

A derrota, então, não é o fim do mundo; aliás, pode ser o começo de algo grandioso. Os líderes mais eficientes aprendem com as dificuldades e são fortalecidos com os fracassos. Desviam a tensão da autopiedade ou de culpar os outros e seguem em frente dando passos concretos. Sabem que não são fracos. Seja qual for a altura do monte, eles ainda se dispõem a escalá-lo.

Olhos que enxergam são comuns, mas olhos que discernem são raros. Talvez não tenhamos nascido com um espírito inabalável, mas podemos desenvolver esse atributo necessário. A convivência com líderes que demonstram otimismo constante, aliado a pura sinceridade, pode transformar-nos e dar-nos um pouco da coragem deles. Nosso quociente de liderança baseia-se na percepção de nossa capacidade de encontrar recursos e contratar pessoas para lidar com os desafios diante de nós. A tensão está, portanto, no olho de quem vê. Uma situação que faz uma pessoa murchar pode acender a chama da paixão e do comprometimento de outra.

As pessoas que nos rodeiam — nossa equipe, família e círculos mais amplos de conexões — estão observando para ver como lidamos com o sucesso e o fracasso. Se dividirmos o crédito, construiremos relacionamentos fortes e, se nos recusarmos a culpar os outros pelas derrotas, mostraremos que eles podem confiar em nós. Cada situação, positiva ou negativa, gloriosa ou terrível, pode ter valor redentor se os outros nos virem reagir com uma confiança tranquila de que até as dificuldades nos ensinam algumas das lições mais valiosas da vida.

Quem são nossos heróis? Não são pessoas com sucesso constante. São aquelas que superaram a adversidade. As histórias que contamos, os livros que lemos, os fatos que aprendemos e os filmes que nos inspiram referem-se a pessoas que enfrentaram grandes adversidades e abriram caminho através de obstáculos aparentemente insuperáveis para atingir objetivos nobres.

Portanto, nosso objetivo principal não é evitar a tensão a qualquer custo, mas usá-la para afirmar relacionamentos, inspirar coragem e desenvolver caráter — em nós e nas pessoas que lideramos.

Permita-me, porém, dar-lhe um aviso: não se concentre muito na tensão. Em outras palavras, não deixe que as preocupações com a tensão o destruam. Você será um líder mais eficiente — e durará mais tempo na função — se souber o que ama fazer e se viver nas encruzilhadas da paixão e do talento. Sim, você terá de pisar, de tempos em tempos, na lama de relacionamentos problemáticos e difíceis, mas fortaleça-se com as atividades nas quais se destaca e delegue grande parte das outras coisas a pessoas talentosas, apaixonadas e competentes.

> A tensão está no olho de quem vê. Uma situação que faz uma pessoa murchar pode acender a chama da paixão e do comprometimento de outra.

A liderança gira em torno de fracasso — na verdade, gira em torno de reagir ao fracasso com otimismo e honestidade. Quando fracassar, levante-se e siga em frente. Quando os outros fracassarem, transforme o fracasso em experiência de aprendizado. Da mesma forma que os filmes famosos, transforme a tragédia em triunfo.

Sua reação positiva à adversidade é o caminho para a excelência.

CRIE A CULTURA

Um líder empresarial disse a um amigo: "Passei anos terríveis na empresa, mas com relacionamentos maravilhosos em nossa equipe, e passei anos fantásticos nos negócios com muita tensão em nossa equipe. Vou aproveitar sempre a cultura positiva da equipe".

A cultura organizacional positiva e saudável não é um luxo; é uma necessidade que afeta tudo, desde comunicações administrativas, passando pela satisfação dos funcionários até chegar à gestão pública da marca. Um artigo publicado na *Forbes* relata a pesquisa da Deloitte segundo a qual 94% dos executivos e 88% dos funcionários acreditam que é essencial haver uma forte cultura corporativa para o sucesso dos negócios. "A pesquisa da Deloitte também constatou que existe uma forte correlação entre funcionários que dizem ser felizes e valorizados no trabalho e funcionários que dizem que a empresa possui uma forte cultura".[3] Significado e valores são aspectos importantes da cultura saudável. O autor do artigo, Alan Kohll, explica:

> Hoje, mais do que nunca, significado e propósito são mais importantes no mercado de trabalho. A maioria dos funcionários almeja por significado e propósito no trabalho. Sem isso, a satisfação no emprego sofre um grande golpe. E certamente a empresa não pode desenvolver uma cultura sem que haja um significado por trás de seu trabalho. Elabore uma declaração da missão e os valores essenciais e comunique-os aos funcionários. Forneça aos funcionários exemplos específicos de como a função de cada um exerce um impacto positivo na empresa e em seus clientes.[4]

Escrevi extensamente sobre a importância da cultura na empresa e na comunidade eclesiástica e como criar uma que transmita entusiasmo aos funcionários.[5] É um erro, contudo, imaginar que

[3] How to Build a Positive Company Culture. **Forbes**, August 14, 2018. Disponível em: <www.forbes.com/sites/alankohll/2018/08/14/how-to-build-a-positive-company-culture/#529b9fbb49b5>.

[4] Ibid.

[5] V. **Culture Catalyst**. New Kensington, PA: Whitaker House, 2018.

podemos reorientar radicalmente a cultura com uma conversa, um memorando ou um programa único. Mudar a cultura é como uma batalha naval que vai mudando de direção: tudo tem de ser feito devagar e deliberadamente. E não pense que na cultura saudável existe pouca ou nenhuma tensão. Os ambientes positivos acolhem a tensão e usam-na para encorajar conversas, planejamento e eficiência.

Avalie os tipos de tensão que você normalmente enfrenta — em casa, no trabalho, em sua saúde e assim por diante — e analise suas reações normais a eles. Não permita que a tensão aumente por falta de um propósito claro, de uma estratégia inviável e da delegação de poderes insatisfatória. Isso é um tiro no próprio pé! Os líderes competentes não têm medo da tensão, mas também não criam tensão desnecessária. Eles buscam objetivos maiores e aceitam a realidade da tensão que as grandes visões produzem.

Não permita que a tensão aumente por falta de um propósito claro, de uma estratégia inviável e da delegação de poderes insatisfatória. Isso é um tiro no próprio pé!

Moldamos a cultura ao nosso redor em cada momento do dia a dia. A tensão não é a inimiga. Quando a usamos com sabedoria para encorajar as pessoas a melhorar e a dar o melhor de si, é uma de nossas melhores amigas. Os que nos rodeiam estão observando para ver como lidamos com o estresse da vida e com a liderança. Se virem que estamos controlando a tensão com eficiência, seguirão nosso exemplo, e seremos mais sábios, mais fortes e melhores líderes.

PENSE

1. Quais são algumas maneiras pelas quais os líderes competentes criam tensão? Quais são alguns resultados positivos?

2. Quais são algumas reações diferentes — produtivas ou destrutivas — que os líderes demonstram diante de tensões interpessoais na equipe? Quais você enfrentou? Quais foram os resultados?

3. Quais são as consequências para o líder que evita abordar conflitos óbvios na equipe?

4. Que *cordas* existem diante de você hoje? Quais você está escolhendo? Por que as escolheu? O que aconteceria se você fosse mais seletivo ao escolher as cordas?

5. Como você descreveria *o lado bom do fracasso*? Esta é a sua perspectiva? Explique sua resposta.

6. Descreva a cultura de sua equipe. O que você pode fazer para torná-la mais saudável e produtiva?

APLIQUE

- Ao ler este capítulo, que tensões aqui descritas o fizeram lembrar-se de suas experiências?
- Como você reagiu na ocasião?
- Como deseja reagir da próxima vez?
- Você conhece alguém que esteja enfrentando uma tensão semelhante hoje? Quem?
- Como você pode ajudar essa pessoa a aceitar a tensão, resolver a tensão ou usar a tensão para estimular uma solução inovadora?

10

EXPECTATIVAS DIFERENTES, RESULTADOS DIFERENTES

Deus pretende tornar você semelhante a Jesus,
por isso o fará passar pelas mesmas experiências que Jesus passou.
Isso inclui: solidão, tentação, estresse, críticas, rejeição
e muitos outros problemas.
Rick Warren[1]

Qualquer tipo de mudança significativa cria tensão nas organizações. Passos de progresso exigem pessoas que assumam mais responsabilidade, ajustem e aperfeiçoem sua comunicação com os outros e façam centenas de outras modificações ao longo do caminho. O declínio de uma organização também exige ajustes porque seu encolhimento faz os funcionários duvidarem da competência do líder, da estabilidade no emprego, se vão receber remuneração e como ficará o ambiente de uma comunidade

[1] Devocional: uma vida com propósitos: passagens bíblicas e reflexões de 40 dias com propósitos. São Paulo: Vida, 2005. p. 226.

eclesiástica ou empresa com assentos vazios. Quando as organizações crescem, é comum as pessoas receberem muito crédito e não dividi-lo com ninguém, e, quando paralisam e falham, as pessoas procuram alguém para culpar.

A tensão pode fortalecer ou destruir — a escolha é sua. Creio que toda interrupção de um processo é uma oportunidade de inovação. Isto é, todo desafio, ou porque a organização está avançando ou retrocedendo, pede que os líderes sejam criativos para encontrar soluções. Os líderes competentes perguntam intuitivamente: "Como podemos pensar no assunto de modo diferente?" e "Como podemos aproveitar a tensão em nosso benefício?". O princípio de liderança é simples e profundo: *nunca desperdice uma crise!*

ROTATIVIDADE DE PESSOAL E ESTADO DE ESPÍRITO

Fui convidado a prestar consultoria a uma empresa com alto índice de rotatividade de pessoal no ano anterior. Em apenas doze meses, um terço dos funcionários deixara a empresa, a maioria com revolta e ressentimentos visíveis. O estado de espírito dos que restaram era desolador, e, se pudesse cair mais ainda, não demoraria muito tempo. As saídas haviam deixado um efeito dominó na comunidade. Os familiares e amigos dos que foram embora (e de muitos outros que permaneceram) passaram a ter uma visão muito negativa da empresa; portanto, pararam de comprar seus produtos. Evidentemente, a má fama na comunidade provocou mais pressão ainda no CEO e em sua equipe.

Em minha primeira reunião com o CEO e a equipe, presenciei "uma brigada de incêndio particular" — todos culpando uns aos outros. Não sei dizer quantos, mas parecia que cada integrante da equipe havia disparado pelo menos um tiro.

Questionavam entre si sobre decisões e integridade. Usavam livremente linguagem condenatória. Seus olhos brilhavam, e o tom de voz era alto e agressivo. Pareceu-me que aquela não era a primeira vez que eles expressavam essas convicções! Depois que muitas pessoas falaram sobre a nociva cultura de dúvida e de medo entre os funcionários, e sobre o grande número que desistiu do emprego, o CEO tentou ver o lado bom da situação:

— Pelo menos, estamos economizando o dinheiro dos salários.

Olhei ao redor da sala para ver a expressão de cada rosto e pensei: *Se o olhar matasse...*

Depois de muita energia emocional ter sido despendida, o CEO virou-se para mim. Sem dizer uma só palavra, fez um gesto de que era hora de eu entrar em cena e produzir uma mágica. Mas havia um problema: eu não era mágico. Tinha apenas uma pergunta para fazer à equipe de liderança:

— Vocês perderam um terço de seus funcionários no ano passado. Digam-me, o que *não está* sendo feito agora?

Vi que estavam tentando processar minha pergunta. Alguns estavam pensando cuidadosamente em suas planilhas enquanto outros tentavam captar as circunstâncias na empresa. Depois de um longo silêncio, alguém disse:

> A empresa havia perdido um terço dos funcionários; no entanto, de alguma forma, tudo continuava a ser feito.

— Na verdade, não consigo pensar em nada. Nada que seja importante.

Quase todos concordaram, sinalizando com a cabeça, ou disseram mais ou menos estas palavras:

— É isto mesmo.

Então, alguém comentou:

— Bom, acho que ninguém está monitorando nossos fornecedores.

Outra pessoa respondeu:

— James fazia isso, mas Phyllis, de nosso departamento, assumiu essa função.

Várias pessoas mencionaram tarefas de alguém que saíra da empresa, mas, em todos os casos, outro funcionário, às vezes de um departamento diferente, havia assumido a tarefa. Depois de alguns minutos, interferi:

— Vou perguntar de novo. Um terço de seus funcionários foi embora e não foi substituído. Algo deixou de ser feito?

Alguém que permanecera calado durante a maior parte da reunião decidiu falar:

— Pelo jeito, a resposta é nada.

Perguntei:

— Então, por que vocês decidiram assumir a responsabilidade dos que deixaram a empresa?

Alguns encolheram os ombros, e outros deram um sorriso amarelo. Então, um deles disse:

— Eu sabia que o trabalho tinha de ser feito, portanto fiz. Acho que não é muito mais complicado que isso.

Virei-me para os outros.

— E vocês?

O restante da equipe tinha razões diferentes para assumir a carga daqueles que foram embora. Alguns foram solicitados a aumentar suas responsabilidades, e outros reclamaram consideravelmente pelo fato de o CEO ter destinado uma tarefa a outra pessoa. O ponto principal que todos viram foi que, de alguma forma, tudo o que era importante continuava a ser feito.

Eu lhes disse:

— Vou ser redundante. Há alguma coisa no chão que não foi recolhida por um de vocês? Há alguma tarefa que alguém precisa assumir?

Todos fizeram um gesto negativo com a cabeça, mas agora com um novo senso de orgulho de ter feito o trabalho de outra pessoa com coragem e talento para manter o andamento da empresa. Perguntei:

— Vocês estão trabalhando um pouco mais do que há um ano, antes que o pessoal começasse a deixar a empresa?

Todos concordaram, sinalizando com a cabeça, e um disse:

— Sim, às vezes mais que um pouco.

— Eu os aplaudo — disse-lhes.

— Vocês têm lidado extraordinariamente bem com uma situação estressante. Obrigado por comparecerem a esta reunião comigo.

Com isso, a reunião foi encerrada. Cumprimentei-os com um aperto de mão enquanto saíam. O semblante deles era completamente diferente. Deram tapinhas nas costas uns dos outros, fizeram planos para almoçar juntos e começaram a falar sobre como poderiam trabalhar juntos.

Eu havia programado uma reunião subsequente com o CEO e o vice-presidente sênior, e entramos na sala do CEO. Depois que nos sentamos, eu lhes disse:

— Vocês têm uma oportunidade fantástica de reorganizar seus sistemas e estrutura. As mudanças já estão ocorrendo mesmo sem a colaboração de vocês, e agora podem colocar seu carimbo na empresa para que isso tenha um impacto positivo durante anos.

Eles pareceram surpresos. Não estavam presidindo uma empresa destinada a um desastre completo? Não me haviam chamado para tirá-los de um buraco profundo? Não podiam imaginar que vi algo positivo e esperançoso naquela situação calamitosa, mas não disseram nada. Li a expressão no rosto deles e expliquei:

— Entendo. Há muitos sentimentos feridos, e o grupo está desanimado. Eles têm trabalhado mais que antes, mas com pouca esperança de um futuro melhor. Precisamos sair desta reunião com um plano que lhes dê esperança. Penso que seria ótimo se vocês anunciassem que gostaram tanto do esforço deles que cada funcionário receberá um bônus na sexta-feira à tarde.

Vi que ficaram atônitos ao ouvir minha sugestão, mas prossegui:

— Não se trata de uma quantia para quebrar a banca. Pode ser 500 dólares para cada um, mas esse é um custo mínimo, comparado ao que vão economizar com o salário de um terço de seus funcionários. Escrevam uma carta de agradecimento ao pessoal que trabalhou tanto e em circunstâncias tão difíceis. Eles vão gostar muito da carta, e esta definirá a direção a um futuro mais positivo. Vocês não podem estipular o preço para o valor de um elogio. Quando as pessoas se sentem valorizadas, o quociente de lealdade aumenta extraordinariamente. Elas precisam disso. Vocês precisam disso. Sua empresa precisa disso.

O CEO ligou imediatamente para alguém do departamento de contabilidade e deu-lhe instruções para emitir um cheque para cada funcionário. Quando ele desligou o telefone, eu disse:

— Agora vamos falar sobre como a empresa de vocês será daqui em diante.

> Você não pode estipular o preço para o valor de um elogio. Quando as pessoas se sentem valorizadas, o quociente de lealdade aumenta extraordinariamente.

Nas horas seguintes, usamos um quadro branco para reorganizar a empresa. Desde o departamento de recursos humanos até o setor de vendas, cada um passou pelo nosso crivo. Criamos novas posições, novos sistemas de relatórios, novos objetivos e novos incentivos para um trabalho excelente.

No fim do dia, o CEO tinha um plano abrangente. Havia, claro, muitos detalhes a serem resolvidos, mas ele e o vice-presidente sênior sentiram-se confiantes de que as mudanças seriam muito produtivas. No dia seguinte, o CEO convocou a equipe para outra reunião e explicou-lhes a nova visão e o novo plano. Eles fizeram muitas perguntas, e o CEO pediu opiniões para encontrar respostas. O clima da sala era diametralmente oposto ao que eu vira no dia anterior. Em vez de culparem uns aos outros, eles procuravam meios de colaborar. Em vez de se sentirem magoados, estavam entusiasmados para seguir em frente. Em vez de se sentirem desanimados, sentiam uma paixão renovada.

No fim da reunião, o CEO avisou que cada pessoa receberia um aumento de salário significativo.

— Vocês merecem — ele lhes disse. — Não fazem ideia de quanto gostei de tudo o que fizeram pela empresa... e por mim. — E continuou: — Vamos parar de contratar funcionários durante seis meses para ver como os novos sistemas e estruturas vão funcionar e quais vagas precisam ser preenchidas ou não.

A equipe ficou surpresa com a notícia. No dia anterior, quando saíram da primeira reunião comigo, imaginaram que, para resolver o problema, eu encontraria um meio de contratar mais funcionários para preencher as vagas deixadas pelos colegas. Não fizemos nada disso. Ao contrário, o CEO, o vice-presidente sênior e eu reorganizamos a empresa, relançamos a visão e começamos a recriar a cultura.

Seis meses depois, encontrei-me novamente com os líderes da empresa. O clima era de muito otimismo quando entraram na sala e se sentaram. Pedi-lhes que me contassem o que havia acontecido desde que estivéramos juntos, e eles me relataram muitas histórias sobre os desafios que enfrentaram e o progresso que conseguiram. Antes da reorganização — e da injeção de esperança —, a tensão que enfrentaram havia deixado todos arrasados porque não tinham entendido os problemas da empresa como uma chance para inovar; no entanto, nos últimos seis meses, a perspectiva deles mudara totalmente. Agora, a tensão de todas as mudanças extraíra o que havia de melhor neles.

Depois de ouvir suas histórias, eu disse:

— Seis meses atrás, eu lhes fiz uma pergunta sobre o que não estava sendo feito. Dessa vez, quero fazer uma pergunta diferente. Que oportunidades vocês identificaram que poderiam buscar se tivessem mais pessoas na equipe? Lembrem-se: não somos motivados por funcionários; somos motivados por oportunidades.

Enquanto eles pensavam em minha pergunta, rabisquei uma série de providências no quadro com as palavras "impacto", "ideias", "implementação" e "impacto". Expliquei:

— Vocês estão tendo um impacto agora, e seu sucesso está abrindo portas de oportunidades. À medida que as observarem, terão ideias que, aos poucos, se transformarão em planos. À medida que implementarem os planos e enxergarem sucesso, vocês terão um impacto maior, que abrirá novas portas, e o processo continuará.

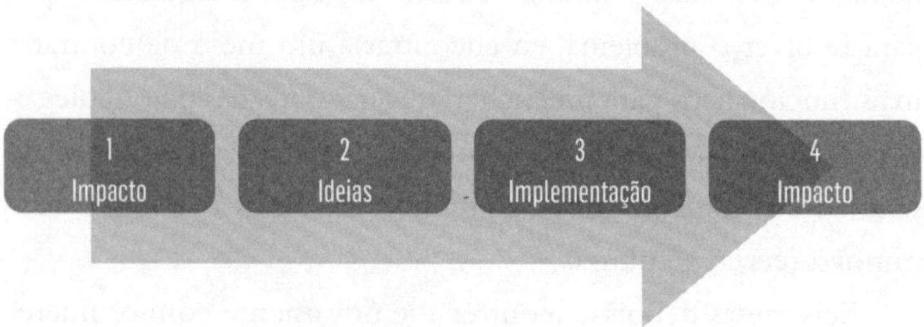

Expliquei cada fase do progresso:

- Na primeira fase do impacto, o líder e a equipe esclarecem qual é a visão.
- Na fase das ideias, a equipe apresenta muitas sugestões e recomendações a serem consideradas.
- Na fase da implementação, eles selecionam as ideias e criam um plano viável que aborda as questões de quando,

onde, quem, como e quanto. Em seguida, trabalham no plano para alcançar os objetivos.

- Na segunda fase do impacto, o líder e a equipe analisam a implementação, focando principalmente o que deu certo, não o que deu errado. Eles comparam o resultado real com os resultados que previram na primeira fase.

Entreguei à equipe alguns exemplos de como esse processo simples funciona. Por exemplo, se uma organização está planejando outro evento anual simplesmente por ser uma tradição, eles podem seguir esses passos e descobrir um modo muito melhor de causar um impacto maior.

Àquela altura, a equipe identificou duas oportunidades que prometiam ótimo crescimento da empresa. Focamos uma delas. Perguntei:

— Como vocês preencheriam as vagas para aproveitar esta oportunidade?

A gerente do departamento responsável por essa tarefa respondeu:

— Acho que poderíamos contratar duas pessoas. Devem ser competentes e treinadas, para podermos pagar-lhes 65 mil dólares por ano.

Respondi:

— Muito bem, mas eu lhe faço uma pergunta: e se você contratasse um novo funcionário muito competente que fosse capaz de realizar o trabalho de duas pessoas e você lhe pagasse 100 mil dólares por ano? Você economizaria dinheiro de encargos trabalhistas e despesas administrativas. É possível?

Ela pensou por um momento e respondeu:

— Sim. Na verdade, conheço alguém que seria perfeito para ocupar essa função especial e altamente qualificada. Alguns meses atrás, eu não a teria convidado para fazer parte de nosso quadro de funcionários. — Os outros riram. Sabiam exatamente o que ela queria dizer. — Mas, agora, acho que adoraria tê-la aqui... e seu trabalho é excelente!

SUCESSO OU FRACASSO

Novas expectativas podem ser criadas do sucesso ou do fracasso, mas, em minha experiência, a motivação para mudar é muito maior em tempos de fracasso porque as pessoas estão desesperadas para encontrar uma forma que funcione. Quando me reuni com a equipe de liderança da empresa, não realizei uma autópsia do ano anterior ou de dois anos atrás. Não quis saber como o paciente morreu; só quis saber como ressuscitá-lo! Todas as análises forenses do mundo não trariam vida ao corpo morto da cultura da empresa, e a tentativa seria perda de tempo. E mais: focar o que deu errado já produzira uma mistura tóxica de culpa e vergonha, desânimo e desespero. Temos de dar atenção ao futuro e trazer o maior número de pessoas possíveis. Esperança, afirmação e inspiração estiveram perto de zero, mas o coração humano vibra com essas coisas. Se dermos às pessoas mesmo que seja uma quantidade moderada de esperança, afirmação e inspiração, elas vão parar de agredir umas às outras, vão parar de mergulhar na autopiedade e vão encontrar maneiras novas e criativas de fazer as coisas funcionarem.

> Focar o que deu errado produz uma mistura tóxica de culpa e vergonha, desânimo e desespero. O coração humano vibra com esperança, afirmação e inspiração.

Poderíamos pensar que uma empresa ou comunidade eclesiástica em desenvolvimento possui menos tensões, mas estaríamos errados. A maioria dos líderes não se satisfaz com crescimento incremental. Olham ao redor, querendo saber quais são as necessidades da comunidade e por que alguns líderes espirituais e empresariais têm tanto sucesso, e perguntam: "E nós? Por que não?". Eles põem os planos em ação para levar adiante a grande visão, mas o ritmo de mudança pode produzir uma série de dificuldades inesperadas.

SETE TENSÕES COMUNS

Meu amigo Ron Edmondson, CEO da Leadership Network, identificou "7 tensões comuns que você pode esperar durante um rápido crescimento ou mudança descomunal". É comum alguns líderes desconhecerem essas lutas porque imaginam que *seguir em frente e para o alto* será uma caminhada fácil. Não é. Vou relacionar essas tensões e fazer algumas observações sobre elas.

1. *Falha na comunicação*

Algumas pessoas não recebem o memorando... e algumas não leem o memorando. Em tempos de rápida mudança, a equipe de liderança está tão ocupada em apagar incêndios e abrir portas que não gasta tempo para pensar na área de comunicação, o que significa acompanhar e verificar se as pessoas que receberam a mensagem a entenderam, se têm perguntas a fazer, se precisam de respostas e se dão o retorno regularmente. O crescimento rápido exige invariavelmente que os líderes separem um tempo suficiente para comunicar-se com clareza.

2. *Mudanças de função*

De modo semelhante à empresa que descrevi no início deste capítulo, o declínio pode provocar mudanças de responsabilidades, mas o crescimento também pode. Os líderes descobrem que havia alguém *dormindo* na equipe, alguém com talentos extraordinários que não estavam sendo totalmente aproveitados ou, então, percebem que alguns funcionários estavam no limite de sua capacidade quando a organização era menor. Provavelmente esses funcionários precisam ser transferidos para uma função que mais se adapte à capacidade deles.

3. *Lutas por poder*

Elimine-as no começo e com frequência. Não permita que contaminem e criem desconfiança e ressentimento. Observe as pessoas que chamam a atenção para o próprio sucesso e deixam de dar crédito a outras, e, de modo semelhante, aquelas que não demonstram entusiasmo com o sucesso dos colegas. Preste atenção naqueles que assumem uma responsabilidade que não lhes foi atribuída. Esse pode ser um traço maravilhoso de humildade... ou sinal de busca pelo poder. Quando as pessoas têm dificuldade de colaborar e cooperar, quase sempre é sinal de que pelo menos uma delas insiste em estar no controle. Quando percebo essas tensões na equipe, não permito que continuem, porque sempre se tornam destrutivas. Quando duas pessoas estão disputando poder, chamo-as ao lado e explico a situação e normalmente passo uma tarefa a ambas para forçá-las a colaborar e compartilhar o poder. Se não conseguem, temos então um problema muito maior, e, em geral, uma delas precisa procurar um novo emprego. Ou talvez as duas.

4. *Esgotamento profissional*

O crescimento rápido é animador, mas somente por algum tempo. Depois de um período, o novo nível de esforço se normaliza; aos poucos, a capacidade de voltar à condição normal cada dia e cada semana desaparece. Exaustão crônica, irritabilidade, problemas físicos, insônia e problemas de peso são apenas alguns dos sintomas do esgotamento profissional. É certamente um traço positivo de caráter estar ansioso e disposto a ajudar a carregar o fardo, mas todos nós temos limites. Precisamos ter a coragem de dizer: "Não, não posso fazer isto. Sou capaz de lidar com as responsabilidades que tenho, mas não com mais uma". É aconselhável não pressionar o funcionário (nem a nós mesmos) a ponto de ele perder a alegria de ser útil. Evidentemente, há ocasiões em que temos de trabalhar mais que os outros, mas precisamos tomar cuidado para que tais ocasiões não se transformem em rotina. Esgotamento profissional não é símbolo de honra; é fracasso de liderança.

Esgotamento profissional não é símbolo de honra; é fracasso de liderança.

5. *Confusão*

Mudanças de função, novas responsabilidades, estrutura diferente de relatórios e pressão maior podem abalar nossa confiança. É perfeitamente normal admitir: "Não sei a resposta", mas a confusão crônica pode ser sinal de que alguém está trabalhando além de suas forças.

6. *Complacência*

Tempos de extraordinário crescimento implicam que nossa equipe está trabalhando muito para alcançar novos níveis de sucesso, mas ironicamente algumas reações comuns entre pelo menos alguns funcionários são letargia, distração e complacência. Estão sobrecarregados por causa da atividade frenética ao redor deles, e sua defesa é recuar e trabalhar menos.

7. *Estruturas alongadas*

Muitos tipos de insetos crescem mais que a cápsula que os envolve, livram-se dela e saem com um exoesqueleto maior e mais forte. Da mesma maneira, à medida que crescem mais que seus sistemas e estruturas, as organizações necessitam avaliá-los, manter os funcionários que trabalham bem no estágio seguinte de crescimento e mudar aqueles que não são capazes de lidar com números maiores. É prudente prever a necessidade dessas mudanças antes que a tensão produza grandes problemas.[2]

A expansão de uma empresa ou comunidade eclesiástica sempre cria um pouco de ruptura. Os líderes sábios preveem essas tensões no início da fase do planejamento para que possam implementar soluções ao longo de todo o caminho.

A CHEGADA DE NOVOS CONTRATADOS

Uma parte importante de estabelecer novas expectativas sobre como lidar com a tensão em nossas organizações é ter uma nova perspectiva quanto à chegada de novos contratados. Essa não é uma questão relativa apenas à área de Recursos Humanos; é também uma questão de liderança. É muito comum tentarmos apenas preencher uma vaga, escrever um nome no organograma e dar a tarefa por encerrada. Creio que precisamos considerar muito mais que isso quando contratamos alguém.

> As coisas não dão errado; começam errado. Os funcionários e contratados necessitam conhecer a cultura e os valores da organização.

Por que é tão importante dar atenção ao recém-contratados? Porque as coisas não *dão* errado; *começam* errado. O processo não começa no primeiro dia de trabalho do funcionário, nem mesmo durante a entrevista. Começa na sala da diretoria quando a cultura corporativa é moldada e transmitida a toda a organização e

[2] Adaptado de: 7 Common Tensions You Can Expect During Fast Growth or Overwhelming Change, October 3, 2017. Disponível em: <ronedmondson.com/2017/10/7-tensions-you-can-expect-in-fast-growth.html>.

depois comunicada no *site* da empresa para que qualquer pessoa interessada conheça os valores da empresa. Em um artigo publicado na *Inc.*, Peter Vanden Bos relata sua pesquisa sobre a chegada de novos contratados:

> Os especialistas sugerem que você inicie o processo de orientação antes que o candidato seja oficialmente contratado. Inclua amplas informações sobre o local de trabalho e a cultura da empresa na página Carreiras de seu *site*. "A orientação deve começar no primeiro clique do *mouse* quando alguém acessa o *site* da empresa, a fim de que, na ocasião que chegar para ser entrevistado, o candidato já tenha recebido muitas informações a respeito da organização", diz Richard Jordan, um *coach* de negócios responsável por reformular o processo de recrutamento e orientação em várias empresas de tecnologia. Dessa maneira, você tem mais possibilidades de atrair candidatos mais envolvidos com os objetivos e a cultura de sua empresa e que provavelmente se tornarão funcionários extremamente produtivos.[3]

Um processo poderoso e claro para a integração dos recém-chegados é uma maneira de selecionar com mais cuidado as novas contratações e, se forem aceitas na equipe, terão uma rampa de acesso suave para um bom começo.

HERÓIS MODERNOS

Abraham Lincoln

Temos à disposição uma ampla variedade de pessoas na história que descobriram como a interrupção de um processo pode produzir criatividade. Abraham Lincoln cresceu em um

[3] How to Build an Onboarding Plan for a New Hire, **Inc.** Disponível em: <www.inc.com/guides/2010/04/building-an-onboarding-plan.html>.

lar muito rígido e com um pai autoritário, mas a falta de instrução escolar quando ele era menino o incentivou a estudar e vir a ser um dos advogados mais importantes de sua área. Quando o assunto da escravidão provocou a divisão do país, Lincoln assumiu uma posição, mas não contra a escravatura; sua posição foi a de impedir a expansão da escravatura até os territórios e novos estados. Concorreu à presidência do país como candidato do inexperiente Partido Republicano. Três outros nomes eram comprovadamente mais capacitados, embora Lincoln tenha vencido a escolha e a eleição. Surpreendeu todo mundo ao nomear os três concorrentes do Partido Republicano para seu gabinete. Estava disposto a permitir que homens fortes o ajudassem a conduzir o país durante a era mais turbulenta da história dos Estados Unidos.

No decorrer da Guerra Civil, Lincoln teve de equilibrar-se em várias cordas bambas. Queria manter na União os estados escravagistas das fronteiras, para que ele não pudesse se manifestar contra a escravidão, mas os abolicionistas exigiram que houvesse guerra para libertar os escravos. Os estados leais à União possuíam efetivo militar e recursos muito superiores. Mesmo assim, "os generais de Lincoln foram geralmente derrotados" pelos comandantes do Sul. A nação dividiu-se ao meio, e, da metade restante, metade era composta de Democratas que eram totalmente contra Lincoln. Com apenas cerca de um quarto do país a seu lado, Lincoln direcionou o país rumo à vitória, sofrendo a dor de muitos mortos e feridos na batalha enquanto enfrentava a morte de seu amado filho, Willie, que foi acometido de febre tifoide, bem como a instabilidade de sua esposa, Mary. Em seu livro extraordinário, *Team of Rivals* [Turma de rivais], a historiadora Doris Kearns Goodwin comenta:

> Essa, então, é a história do gênio político de Lincoln revelada por meio de seu extraordinário conjunto de atributos pessoais que o capacitaram a fazer amizade com homens que antes se opunham a ele; a curar sentimentos feridos que, se não fossem cuidados, poderiam ter se transformado em hostilidade permanente; a assumir responsabilidade pelo fracasso dos subordinados; a dividir o crédito com facilidade; e a aprender com os erros. Ele possuía um entendimento perspicaz a respeito das fontes de poder inerentes à presidência, uma capacidade ímpar de manter intacta sua coalisão de governo, um respeito obstinado pela necessidade de proteger suas prerrogativas presidenciais e um magistral senso de oportunidade.[4]

E você acha que sua vida é difícil!

Dietrich Bonhoeffer

Dietrich Bonhoeffer foi um erudito e teólogo luterano na Alemanha durante a ascensão de Hitler e dos nazistas na década de 1930. Quando jovem, foi pacifista, mas, quando presenciou o ódio antissemita dos nazistas, associou-se a alguns líderes espirituais para formar uma nova comunidade eclesiástica, que assumiu um forte compromisso cristão em uma época em que muitos líderes religiosos estavam hipnotizados pela retórica poderosa de Hitler. Quando os nazistas se firmaram no poder e começaram a condenação e a eliminação sistemáticas dos judeus, Bonhoeffer tornou-se membro do serviço secreto alemão — um agente duplo que supostamente obtinha informações para o governo, mas que, na verdade, conspirava para ajudar na fuga dos judeus.

Aceitou a posição de professor em um seminário nos Estados Unidos, mas, logo em seguida, mudou de ideia. Escreveu a um amigo:

4 New York: Simon & Schuster, 2005. p. xvii.

"Cometi o erro de vir para os Estados Unidos. Preciso atravessar este período difícil de nossa história nacional com os cristãos da Alemanha. Não terei nenhum direito a participar da reconstrução da vida cristã na Alemanha depois da guerra se não estiver junto com meu povo durante as provações destes tempos".

Bonhoeffer retornou para a Alemanha, lecionou em um seminário no norte do país e participou de uma conspiração para assassinar Hitler. A conspiração foi descoberta, e Bonhoeffer foi detido, julgado, condenado e preso. Seu ânimo e força de caráter impressionaram os presos e os guardas da prisão, e ele continuou a escrever cartas lindas e poderosas sobre seu comprometimento com Cristo. Uma delas diz o seguinte: "Deus se deixa ser empurrado para fora do mundo em direção à cruz", escreveu. "Ele é fraco e impotente no mundo, e esse é exatamente o caminho, o único caminho, no qual ele está conosco e nos ajuda. [A Bíblia...] deixa bem claro que Cristo nos ajuda, não pela virtude de sua onipotência, mas pela virtude de sua fraqueza e sofrimento. [...] A Bíblia dirige o homem para a impotência e o sofrimento de Deus; somente o sofrimento de Deus é capaz de ajudar".[5]

Dietrich Bonhoeffer foi executado em 9 de abril de 1945, um mês antes da rendição da Alemanha. Ele correu em direção à tensão em vez de fugir dela, por isso se tornou o líder dos cristãos alemães durante a guerra, e seu impacto continua poderoso décadas após sua morte.

Mary Barra

As mulheres na função de liderança enfrentam uma dose maior de tensão. Ao chegar a postos mais altos nas organizações,

[5] Dietrich Bonhoeffer: German theologian and resister, **Christianity Today**. Disponível em: <www.christianitytoday.com/history/people/martyrs/dietrich-bonhoeffer.html>.

elas se veem diante do invisível *teto de vidro*, porém muito real, que as mantém longe dos cargos mais altos, ou pelo menos dificulta a chegada até lá.

No mundo masculino das fábricas automobilísticas, Mary Barra chegou ao posto mais alto da General Motors como presidente do conselho e CEO. No início da carreira, trabalhou para a empresa como estagiária em 1980, inspecionando para-lamas e capôs que rodavam na linha de montagem. Depois de formar-se na faculdade, ela continuou na GM e foi subindo de cargo constantemente até tornar-se vice-presidente de engenharia de manufatura global e depois vice-presidente de desenvolvimento de produto global — a função mais prestigiada e sob mais pressão da empresa. Em 2014, Barra tornou-se CEO, a primeira mulher no comando de uma importante empresa automobilística. No primeiro ano, a General Motors foi forçada a convocar 84 *recalls* de mais de 30 milhões de veículos. Barra foi chamada ao Senado dos Estados Unidos para depor sobre os *recalls* e mortes atribuídas à falha do interruptor de ignição, considerados responsáveis por 124 fatalidades.[6] Ela, porém, acalmou a tempestade e assumiu compromisso com o progresso. Percebeu que a GM precisava ser líder em veículos elétricos, portanto fez pressão sobre a empresa para produzir o Chevy Bolt EV, que chegou ao mercado antes do primeiro lançamento do Tesla, de um carro que custava menos de 40 mil dólares.

O grande número de *recalls* em seu primeiro ano poderia ter abatido o ânimo de Barra, mas ela não permitiu. Ao contrário,

6 Shepardson, David. GM compensation fund completes review with 124 deaths. **Detroit News**, August 24, 2015. Disponível em: <www.detroitnews.com/story/business/autos/general-motors/2015/08/24/gm-ignition-fund-completes-review/32287697>.

usou a fase traumática para criar novas políticas com a finalidade de encorajar os trabalhadores a relatarem problemas antes que os carros chegassem às ruas.

Branch Rickey

Branch Rickey é uma das pessoas mais extraordinárias na história dos esportes. Ele não é famoso pelos pontos que marcou. Não fez passes para *touchdowns*, não jogou críquete, não competiu com Michael Jordan no basquete. Rickey foi gerente-geral do Brooklyn Dodgers em uma época muito importante da história dos Estados Unidos. Os proprietários do time haviam mantido os jogadores afro-americanos fora do beisebol havia décadas, mas, depois da Segunda Guerra Mundial, a pressão para integração por todo o país bateu na porta do beisebol. No entanto, os proprietários não a abriram.

Rickey foi um inovador. Ao chegar ao Brooklyn, montou gaiolas de rebatidas e máquinas de arremesso de bolas e incentivou os jogadores a usarem capacetes de rebatidas. Compilou uma grande variedade de estatísticas e contratou uma pessoa para analisá-las e dar-lhe *feedback* específico durante a temporada. Todas essas mudanças foram inovadoras, a primeira de seu tipo no jogo.

A inovação não se limitou a equipamentos e estatísticas. Rickey era um cristão com fortes convicções contra o preconceito racial no beisebol. Contrariando o desejo do resto dos proprietários do time, ele assinou um contrato com uma estrela das ligas negras de beisebol, Jackie Robinson, para jogar em uma liga secundária logo após a Segunda Guerra Mundial. Robinson jogou no time da liga secundária do Dodgers em Montreal por uma temporada, e, graças a seu grande talento, Rickey conduziu-o ao time da liga principal. Seu primeiro jogo foi em 15 de abril de 1947. Todos sabiam que Robinson receberia agressões verbais dos que apoiavam o racismo. Rickey o havia preparado ao dizer que estava procurando um homem que "tivesse coragem suficiente para não revidar".

Não foram apenas os racistas nas arquibancadas que importunaram Robinson. Alguns jogadores do Dodgers recusaram-se no início a jogar com ele. Um deles, Bobby Bragan, opôs-se totalmente à decisão de Rickey de trazer Robinson para o Dodgers. Tentou liderar uma revolta, unindo-se a vários outros jogadores e ameaçando não jogar se Robinson entrasse em campo. O gerente, Leo Durocher, disse a eles que Robinson jogaria e que, se não quisessem jogar com ele, poderiam ir embora. Eles permaneceram no time.

Logo Robinson tornou-se uma estrela no campo. Ganhou o Rookie of the Year[7] e posteriormente recebeu o título de Jogador Mais Valioso da liga. Sua coragem e seu talento abriram as portas para muitos outros afro-americanos jogarem nas ligas mais importantes. Tudo isso aconteceu porque um homem, Branch Rickey, teve visão para dar a todos a chance de jogar beisebol. Foi um compromisso bom para o esporte e bom para os Estados Unidos, mas Branch Rickey conseguiu porque essa era simplesmente a maneira certa de agir.

Branch Rickey morreu em 1965. Muitos jogadores dos Dodgers, a maioria que se aposentara em anos anteriores, compareceram ao funeral para homenageá-lo. Um repórter perguntou a Bobby Bragan por que estava ali. Ele disse: "Porque Branch Rickey fez de mim um homem melhor".

[7] Prêmio concedido a um atleta considerado o melhor na primeira temporada de sua atividade esportiva. [N. do T.]

Benefícios da tensão

Tenho certeza de que você conhece homens e mulheres cuja vida é um exemplo a ser seguido — e tem pensado neles ao longo de todo este livro! Eles enfrentaram lutas e tensões significativas que os acompanharão na vida e aprenderam a segurar os dois lados ao mesmo tempo com as mãos.

Gostaria de concluir relacionando os benefícios de desenvolvermos a habilidade de aceitar, resolver e usar a tensão.

O que você evita ao usar a tensão

Primeiro, aqui estão algumas coisas que você evitará. Perceberá que a presença da tensão não é falha sua nem uma ameaça dos outros, portanto...

- Não ficará agitado nem confuso quando enfrentar a tensão.
- Não se sentirá culpado por ser erro seu, nem imaginará que foi erro de outra pessoa.
- Sentirá menos pressão para descobrir tudo e resolver o problema com rapidez e por completo.
- Não se sentirá intimidado quando as pessoas exigirem realizar o trabalho à maneira delas.
- Não vai desprezar as pessoas quando forem embora ou se esconderem.
- Não vai cair na tentação de apaziguar as pessoas em vez de falar a verdade.

O que você ganha ao usar a tensão

Do lado positivo da história, vai perceber que...

- A tensão é essencial para o crescimento — seu e dos demais.

- A tensão o ajuda a pensar mais, envolver-se de forma mais completa, lutar com ideias e objetivos competidores e ser sincero com os outros mesmo quando discordam de você.
- A tensão o torna mais sábio e mais acessível.
- A tensão lhe dá a oportunidade de expressar sua opinião, fazer perguntas difíceis, ouvir e entrar em ação.

Em resumo, a tensão é uma realidade inevitável. Aceite-a. Resolva-a quando puder. Use-a para ajudar você e os outros a crescer. Deixe que ela o transforme em um grande líder.

A tensão faz de nós pessoas melhores.

PENSE

1. Você tem visto a interrupção de um processo levar à inovação? Como?

2. Quando é necessário fazer uma *autópsia* do problema e quando ela é uma distração?

3. Revise as sete tensões que enfrentamos durante tempos de rápido crescimento. Quais delas você enfrentou? Como reagiu?

4. Por que motivos necessitamos aceitar a tensão em nossa vida espiritual? O que acontece quando somos rígidos demais e caímos nos extremos?

APLIQUE

- Ao ler este capítulo, que tensões aqui descritas o fizeram lembrar-se de suas experiências?
- Como você reagiu na ocasião?
- Como deseja reagir da próxima vez?
- Você conhece alguém que esteja enfrentando uma tensão semelhante hoje? Quem?
- Como você pode ajudar essa pessoa a aceitar a tensão, resolver a tensão ou usar a tensão para estimular uma solução inovadora?

WWW.EDITORAHABITO.COM.BR

Esta obra foi composta em *Bembo Std*
e impressa por BMF Gráfica sobre papel
Pólen Soft 70 g/m² para Editora Hábito.